12,50

APUNTA ALTO

2ª edición: noviembre 2021

Diseño de portada: Editorial Sirio, S.A.
Diseño y maquetacion de interior: Toñi F. Castellón

© de la edición original
Ricardo Eiriz

apuntaalto@eiriz.com
www.eiriz.com

© de la presente edición
EDITORIAL SIRIO, S.A.
C/ Rosa de los Vientos, 64
Pol. Ind. El Viso
29006-Málaga
España

www.editorialsirio.com
sirio@editorialsirio.com

I.S.B.N.: 978-84-17030-69-8
Depósito Legal: MA-1299-2017

Impreso en Imagraf Impresores, S. A.
c/ Nabucco, 14 D - Pol. Alameda
29006 - Málaga

Impreso en España

Puedes seguirnos en Facebook, Twitter, YouTube e Instagram.

Cualquier forma de reproducción, distribución, comunicación pública o transformación de esta obra solo puede ser realizada con la autorización de sus titulares, salvo excepción prevista por la ley. Diríjase a CEDRO (Centro Español de Derechos Reprográficos, www.cedro.org) si necesita fotocopiar o escanear algún fragmento de esta obra.

 El papel utilizado para la impresión de este libro está **libre de cloro** elemental (ECF) y su procedencia está certificada por una entidad independiente, no gubernamental, que promueve la sostenibilidad de los bosques.

Ricardo Eiriz

APUNTA ALTO

Editorial SIRIO

Este libro está dedicado a José Carlos,
mi hermano, mi amigo
y un apasionado de los 7 hábitos

En memoria de Stephen R. Covey
(1932-2012)

1
Introducción

A quien amas, dale alas para volar, raíces para volver y motivos para quedarse.

DALÁI LAMA

Tras casi veinticinco años dedicados al mundo de la empresa, durante muchos de los cuales ocupé cargos de dirección, decidí dar un giro personal y profesional a mi vida. Decidí que mi profesión era Ser Feliz.

De este modo, comencé un recorrido que me llevó a renunciar a mi carrera profesional, a ampliar mis conocimientos en distintos ámbitos para salir de la línea de pensamiento general y a realizar otras actividades, quizás menos lucrativas inicialmente, pero sin duda más satisfactorias. En general, decidí replantearme todo en mi vida y mirarlo bajo el prisma del impacto que tenía sobre mi propia felicidad.

Descubrí muchas cosas que habían estado delante de mis ojos, pero nunca había puesto mi atención en ellas. Descubrí que el dinero que uno necesita va estrictamente ligado a los deseos que tiene, y que cuantas más cosas desee, más dinero necesita, convirtiéndose en rehén del sistema. Descubrí que hay muchas formas de ganar dinero, pero solo una de ellas te da realmente libertad: los ingresos pasivos. Descubrí que la realidad tal como la concebimos es tan solo una parte diminuta de lo que realmente existe. Descubrí que tenemos muchas más capacidades de las que se nos ha dicho y enseñado a utilizar. Descubrí que nuestra realidad, a todos los niveles, es la que nosotros mismos creamos de forma consciente o inconsciente, voluntaria o involuntaria. Descubrí...

Evidentemente, todo esto estaba ya descubierto hacía mucho tiempo, pero yo no era consciente de ello. Tomar conciencia de todo esto fue para mí un descubrimiento que me permitió dar un salto cualitativo en mi forma de vivir.

Uno de los hallazgos más importantes fue conocer el papel que juega nuestra mente subconsciente en la creación de nuestra realidad, así como el hecho de que tenemos la capacidad de transformarla a voluntad.

Nuestra mente subconsciente es la responsable de más del 95% de todas las decisiones y acciones que realizamos a diario. Es como una madre superprotectora que, basándose en las experiencias vividas en el pasado, nos lleva siempre por el camino de menor riesgo y sufrimiento. Nos vamos nutriendo de las experiencias vividas, vamos almacenando creencias en nuestro subconsciente y, sin tener necesidad de volver a pensar en ellas, nuestro subconsciente va dirigiendo nuestras vidas según esas creencias.

Nuestras creencias, correctas o incorrectas, positivas o negativas, limitantes o potenciadoras, conscientes o inconscientes... son quienes dirigen nuestras actitudes y conductas, y nuestras relaciones con los demás y con nosotros mismos, generando nuestra realidad. Son las lentes a través de las cuales interpretamos la realidad exterior y decidimos (inconscientemente) nuestras reacciones.

Esta forma de funcionar, sin la necesidad de centrar nuestra atención consciente en todo lo que hacemos, nos permite mantenernos libres de peligro, pero al mismo tiempo puede impedirnos ser como realmente deseamos y vivir la vida que realmente queremos. Algunas de las creencias que acumulamos nos limitan para alcanzar las metas que deseamos, o incluso para vivir del modo que nos gustaría. Se trata de creencias limitantes, responsables de nuestras respuestas inconscientes, que nos llevan a desarrollar hábitos poco efectivos en nuestro día a día.

QUÉ ENCONTRARÁS EN ESTE LIBRO

Los 7 hábitos de la gente altamente efectiva representan un enfoque integral de la efectividad personal e interpersonal, basado en que los resultados externos son consecuencia de la transformación interior y que la clave del éxito en esta transformación radica en la integración de todos ellos a nivel subconsciente, con un determinado orden secuencial.

Durante años se ha utilizado la definición y estructuración de los 7 hábitos definidos por Stephen R. Covey para formar a millones de personas en todo el mundo. Su libro *Los 7 hábitos de la gente altamente efectiva* ha vendido más de veinticinco millones de ejemplares, y su organización, Frankling Covey Co., ha impartido cursos en miles de empresas a lo largo de todo el planeta.

Apunta alto es un libro que aplica de forma práctica buena parte de mis descubrimientos personales, de modo que cualquiera pueda llevar a cabo de forma rápida y eficiente un proceso de desarrollo personal que lo convierta en una persona realmente efectiva, capaz de alcanzar el éxito en todo aquello que se proponga.

Estructurado a partir de los 7 hábitos de la gente altamente efectiva, definidos por Stephen Covey, este libro incluye una guía de desarrollo personal que utiliza técnicas simples, eficientes y duraderas, derivadas de la investigación científica sobre la Teoría de la Dominancia Cerebral y de la antigua sabiduría sobre mente/cuerpo, que te permitirán integrar dicho desarrollo de forma rápida y profunda.

No estás ante un libro teórico que ofrece buenos consejos sobre lo que deberías pensar o cómo deberías actuar para ser efectivo. El libro que tienes en tus manos es realmente una guía práctica que te permitirá integrar a nivel subconsciente las creencias que dan vida a los hábitos de efectividad. Ciertamente, se trata de un curso de formación a nivel subconsciente.

El objetivo de este libro es el de guiarte paso a paso, facilitándote un camino que te permitirá avanzar rápidamente hacia tu transformación, alcanzando un grado de desarrollo personal que te convierta en un individuo altamente efectivo.

El capítulo 2, «¡Preparados!», te pondrá en contexto. Te mostrará qué es un hábito, cómo se forma y el modo en que se puede cambiar de forma rápida, por medio de la formación a nivel subconsciente.

INTRODUCCIÓN

En el capítulo 3, «¡Listos!» aprenderás a obtener respuestas de tu subconsciente por medio del test muscular, descubrirás hasta qué punto tienes actualmente interiorizados los 7 hábitos, y aprenderás también a utilizar diversas técnicas energéticas para desbloquear emociones y reprogramar creencias en tu subconsciente.

El capítulo 4, «¡Ya!», te guiará, paso a paso, en la transformación interior de cada uno de los 7 hábitos. Llevarás a cabo un proceso de formación a nivel subconsciente que te conducirá a interiorizar las creencias básicas que soportan cada uno de los 7 hábitos.

El capítulo 5, «¡Enhorabuena!», te permitirá valorar los resultados obtenidos, comparando tu situación inicial y final.

Más allá de los conocimientos, la experiencia práctica es, sin duda, lo más importante que obtendrás de este libro. Te invito a no creer ciegamente nada de lo que hay escrito en él. Ponlo todo a prueba, experimenta y observa los resultados. Si lo deseas, puedes tomarlo como un juego, pero ten presente que lo que vas a aprender puede darle un vuelco a tu vida.

Personalmente, mi objetivo es que una vez finalizada la lectura de este libro (habiendo realizado correctamente los ejercicios) no hayas disfrutado tan solo de un proceso de desarrollo interior, sino que, además, te hayas convertido en un experto en tu propio desarrollo personal. Habrás aprendido a comunicarte con tu subconsciente y reprogramarte para transformar aquellos patrones de comportamiento que te alejan de cómo te gustaría ser o comportarte en todo momento.

A QUIÉN VA DIRIGIDO

El desarrollo de los 7 hábitos de la gente altamente efectiva es recomendable para cualquier persona con independencia de sus circunstancias. Disponer de estos hábitos te permitirá alcanzar mejores resultados en todo aquello que te propongas.

En cualquier caso, estos hábitos están basados en un conjunto de principios y valores fundamentales: ética del carácter. Disponer previamente de una base sólida que incorpore estos valores, situando a la persona en un elevado nivel de conciencia, permite multiplicar los resultados que se alcanzan cuando se adquieren los 7 hábitos. En mi anterior libro, *Un curso de felicidad*, desarrollo extensamente este tema, facilitando el proceso de elevación de conciencia que permite lograr un estado de felicidad interior. Se trata, por tanto, de un complemento perfecto al desarrollo que obtendrás aplicando los pasos incluidos en este libro.

El desarrollo de los 7 hábitos representa una oportunidad en cualquier ámbito en el que centremos nuestra atención, ya sea el profesional, el familiar o el de las amistades.

Es en el ámbito laboral donde las carencias de los 7 hábitos se manifiestan con mayor relevancia, truncando las posibilidades de desarrollo profesional, la promoción dentro de la empresa o incluso el propio mantenimiento del puesto de trabajo, en aquellos individuos que no presentan dichos hábitos. Será este, por tanto, el ámbito en el que más rápidamente se perciban los cambios.

Estamos inmersos en un momento de la historia lleno de cambios y transformaciones. Los paradigmas, o marcos de referencia, a nivel económico, empresarial, laboral, social o de cualquier otro ámbito que han regido hasta hace poco comienzan a estar obsoletos. Adaptarnos a los nuevos paradigmas que se están creando es obligatorio y necesario para disfrutar de una vida saludable y exitosa. Poseer los 7 hábitos de la gente altamente efectiva garantiza una fácil transición, e incluso permite liderar el proceso de cambio.

Poner en práctica las enseñanzas de este libro y, en consecuencia, beneficiarte de ellas, no requiere disponer de unas habilidades especiales, ni tener un determinado nivel cultural o de estudios. Tampoco requiere de largos procesos de aprendizaje, entrenamiento, reflexión, introspección, etc. Basta con seguir las instrucciones paso a paso para llevar a cabo tu proceso de desarrollo personal y aprovecharte de esta experiencia tan enriquecedora.

CÓMO LEER ESTE LIBRO

Como irás viendo a medida que avances en la lectura, *Apunta alto* es un libro eminentemente práctico, que te permitirá obtener resultados casi de inmediato a medida que te vayas adentrando en la realización de los ejercicios.

La inmediatez en los resultados que acostumbran a producirse genera una motivación especial para continuar adelante. Aun así, es recomendable que realices una primera lectura de todo el libro para conocer la dimensión del proceso en el que te estás metiendo. A continuación, vuelve a comenzar deteniéndote en cada uno de los ejercicios, y ponlo en práctica. Haciéndolo estarás generando una transformación interior, que rápidamente observarás en el exterior.

El proceso por el que te va a guiar este libro te permitirá transformar creencias y liberar bloqueos emocionales, y eso lo conseguirás únicamente si realizas los ejercicios propuestos. Por lo tanto, si no estás dispuesto a hacerlo, no merece la pena que sigas leyendo.

Es normal ser algo escéptico al principio. Date una oportunidad, continúa leyendo, comienza a practicar los ejercicios y a ver qué ocurre. Quizás te sorprenda.

Aprender y no hacer no es realmente aprender.
Saber y no hacer no es realmente saber.
STEPHEN R. COVEY

Cuando vayas a poner en práctica los ejercicios, es muy importante que escojas un lugar reservado y tranquilo, donde tengas la seguridad de no ser molestado o interrumpido. Evita hacerlo en lugares públicos.

Confío en que la experiencia que vas a vivir durante este proceso se acabe convirtiendo en una de las experiencias de aprendizaje más satisfactorias de tu vida.

¡Que lo disfrutes!

RICARDO EIRIZ

Había una vez un hombre que tuvo un sueño, en el cual Alá le encomendaba una importante misión: «Debes cambiar el mundo, para convertirlo en un mundo mejor». Al día siguiente, cuando el hombre despertó, se dijo: «Y ahora, ¿por dónde empiezo entre todos los países del mundo? Pues empiezo con mi país. ¿Y de todas las ciudades…? Pues empiezo con la mía. ¿Y entre todos los barrios? Empezaré con el mío. ¿Y entre todas las viviendas? Pues por mi casa. ¿Y entre todos los miembros de mi familia? Pues empezaré conmigo mismo».

CUENTO SUFÍ

2
¡Preparados!

Todo aquello que tu mente puede concebir es alcanzable.

HENRY FORD

Imagina por un momento que tienes una varita mágica, y que con ella puedes cambiar tu actitud, tus reacciones, tu estado de ánimo, la seguridad en ti mismo y en los demás, eliminar tus miedos..., en definitiva, que te permite transformarte en la persona que te gustaría ser. Sería interesante, ¿verdad? Pues bien, como descubrirás en las próximas páginas, todos tenemos a nuestra disposición una varita mágica como esa.

Aventurarte en el proceso de transformación interior, que te llevará a convertirte en una persona altamente efectiva, requiere dar un primer paso para comprender el funcionamiento real del mundo y de nosotros mismos.

En este capítulo establecerás un conjunto de pilares de conocimientos, avalados por los últimos descubrimientos en todas las disciplinas científicas, como la neurociencia, la epigenética o la física cuántica. Se trata de los pilares que te permitirán sustentar la nueva estructura de creencias y valores, que irás construyendo gradualmente en los siguientes capítulos.

¿QUÉ ES UN HÁBITO?

Cada uno de nosotros mantenemos unos patrones de comportamiento característicos que conforman nuestro carácter y personalidad. Cada circunstancia que se presenta en nuestras vidas activa un patrón de comportamiento específico y diferenciado. Nuestra forma de actuar en presencia de nuestros jefes acostumbra a ser distinta de la que tenemos en presencia de nuestros colaboradores, de nuestro cónyuge, de nuestros amigos, de nuestros hijos, etc. No necesitamos pensar en ello para actuar y reaccionar de forma distinta en función del contexto en el que nos encontremos.

Un hábito es un patrón de comportamiento que se ejecuta de forma repetitiva, sin la necesidad de centrar nuestra atención consciente en él. Se trata de factores poderosos en nuestra vida, ya que al aparecer de forma repetitiva ante los mismos estímulos, y sin control consciente, determinan el nivel de efectividad en nuestro quehacer diario.

Son muchos los hábitos que conducen nuestras vidas sin ni siquiera ser conscientes de ellos. Nuestra forma de caminar, de respirar, de sentarnos, de protegernos con las manos al tropezar, de reaccionar ante una mala o una buena noticia o de conducir son algunos ejemplos.

> *Los hábitos son patrones de comportamiento repetitivos, generados por nuestro subconsciente, basándose en las creencias adquiridas.*

Vamos a analizar por partes esta definición:

Los hábitos son patrones de comportamiento repetitivos...

Todas las personas presentamos unos determinados patrones de comportamiento repetitivos ante los estímulos externos que recibimos en cada momento. Tenemos unos hábitos en nuestra relación con el dinero, otros en nuestra relación con el trabajo, otros en la relación con nuestros jefes, con nuestros hijos, sobrinos, padres, amigos, profesores, etc.

Aun siendo conscientes de que muchos de estos patrones de comportamiento, de forma sistemática, nos conducen al fracaso, la insatisfacción, la infelicidad o la ineficiencia, la mayoría de las personas desconoce el mecanismo que activa dichas respuestas y, lo que es más importante, cómo modificarlas.

Focalizarse en el lado negativo de cualquier situación, ser una persona impaciente, centrarse en los problemas en vez de las soluciones, dejarse llevar por lo que hacen los demás, priorizar siempre las tareas según su urgencia, querer ganar a toda costa, actuar con indecisión, etc., son algunos ejemplos de patrones de comportamiento «autodestructivos», que nos conducen a ser personas poco efectivas.

Algunos patrones de comportamiento llevan asociadas respuestas emocionales concretas que, en ocasiones, complican todavía más la situación. Emociones como *el miedo, la inseguridad, la agresividad, el estrés o el bloqueo mental* son algunas de estas emociones que aparecen de forma automática y amplifican el nivel de autodestrucción de un determinado patrón de comportamiento.

...generados por nuestro subconsciente...

Nuestra mente presenta dos partes con características y capacidades totalmente diferenciadas: la mente consciente y la mente subconsciente.

La mente consciente es la responsable de nuestra creatividad, es la que nos permite planificar y establecer objetivos, evaluar los resultados y analizar cualquier situación, ya sea presente, pasada o futura. La razón y el pensamiento son características de nuestra mente consciente, y nos diferencian del resto de los animales.

La mente subconsciente es muy distinta. Vendría a ser como un ordenador, responsable de ejecutar siempre los mismos programas de forma automática. Cuando percibe unas determinadas señales, ejecuta unas respuestas concretas. Siempre las mismas. Sus actos son de naturaleza refleja y no están controlados por la razón o el pensamiento.

Nuestro subconsciente es el responsable de más del 95% de nuestras decisiones y acciones diarias.

Ambas son realmente importantes en nuestra vida. Sin la mente consciente estaríamos dirigidos exclusivamente por nuestros instintos. Por su parte, la mente subconsciente, entre otras cosas, es la responsable de mantenernos con vida, ya que permite a nuestro organismo realizar procesos vitales sin la necesidad de pensar siquiera en ellos. Bombear sangre por las venas, hacer la digestión después de comer, transpirar cuando tenemos calor, estornudar cuando se bloquean nuestras fosas nasales, parpadear continuamente para mantener húmedos nuestros ojos, etc., son algunos ejemplos del control que nuestro subconsciente tiene sobre nuestra vida.

Pero no todo son bondades. Tanto la mente consciente como la subconsciente presentan importantes limitaciones. La mente consciente tiene una importante limitación en su capacidad de proceso, ya que funciona a 40 ciclos por segundo, lo que permite únicamente centrar nuestra atención en entre una y tres cosas a la vez.

La mente subconsciente tiene una capacidad de proceso de 20.000.000 de ciclos por segundo, lo que le permite realizar miles de acciones al mismo tiempo. Su limitación radica en su automatismo. Una vez memoriza la «mejor respuesta» (biológica y emocional) ante un determinado estímulo, siempre repite el mismo patrón de comportamiento ante estímulos similares. Únicamente interpreta las señales medioambientales y activa las respuestas apropiadas a cada situación sin hacer juicios ni preguntas.

Como consecuencia de estas grandes diferencias, el poder de nuestra mente subconsciente es enorme: margina y evita constantemente a nuestra mente consciente, y restringe nuestra capacidad para pensar en determinadas situaciones de una forma razonable.

Los hábitos son estos patrones de comportamiento repetitivos activados por nuestro subconsciente sin la participación activa de nuestra mente consciente. Se trata por tanto de respuestas automáticas ante determinados estímulos.

...basándose en las creencias adquiridas.

Una creencia es la aceptación, en lo más profundo de nuestro ser, de aquello de lo que hemos sido testigos, de aquello que hemos experimentado o conocido por nosotros mismos, incluso antes de nacer, o de aquello que nos han transmitido otros mientras no teníamos capacidad para valorarlo. Familiares, amigos, profesores, líderes de opinión, etc., son el origen de gran parte de las creencias que albergamos y que nos condicionan en el día a día definiendo nuestra realidad, sin ser nosotros conscientes de ello.

Nuestras creencias son la base de datos que alimenta a nuestro subconsciente cuando genera patrones de conducta repetitivos. En consecuencia, dirigen nuestras vidas, y son responsables de nuestros comportamientos y actitudes.

Muchas de nuestras creencias son positivas y nos ayudan en nuestra vida cotidiana. Son las negativas (creencias limitantes) las que nos impiden ser quienes deseamos y conseguir los objetivos que nos proponemos. Son los patrones (hábitos) negativos generados a partir de esas creencias los que nos causan problemas y nos alejan de ser personas altamente efectivas.

«La culpa la tienen los demás», «Siempre me ocurre lo peor», «Mis compañeros no me apoyan», «Debo tratar con dureza a los demás para que me respeten», «Si el otro gana, yo pierdo», «Si soy amable, muestro debilidad», «Cometer errores es muy peligroso», «Lo que yo pienso es más importante que lo que piensan los demás», «Yo siempre tengo razón», «Yo hago mejor las cosas que las personas que me rodean», «Si no me ocupo personalmente, las cosas no se hacen bien», etc., son algunos ejemplos de creencias limitantes, que conducen a generar hábitos autodestructivos que violan los principios básicos de la efectividad.

Si a estas creencias les añadimos alguna carga emocional negativa, ya sea de *miedo, derrotismo, sentimiento de inferioridad, ansiedad,* etc., que podemos tener bloqueada como respuesta a situaciones vividas anteriormente, disponemos del campo de cultivo perfecto para desarrollar una vida de autodestrucción total.

Cuando las creencias son grabadas con una determinada carga emocional, generamos un bloqueo emocional. Nuestro subconsciente reproducirá dicha emoción como acto reflejo, formando parte del patrón de comportamiento que activan esas creencias. Se trata de activaciones emocionales sobre las que nuestra mente consciente difícilmente tiene control.

La clave está en controlar nuestras emociones y creencias, evitando que sean ellas las que nos controlen a nosotros.

Todos estamos programados sobre la base de creencias y bloqueos emocionales. La suerte es que podemos reprogramarnos.

Entender cómo se generan y funcionan nuestros propios patrones de comportamiento nos permitirá dejar de luchar contra ellos a través de nuestra mente consciente y hacer que nuestro subconsciente trabaje para conseguir los objetivos que conscientemente deseamos.

> *Tus creencias se convierten en tus pensamientos,*
> *tus pensamientos se convierten en tus palabras,*
> *tus palabras se convierten en tus acciones,*
> *tus acciones se convierten en tus hábitos,*
> *tus hábitos se convierten en tu destino.*
> MAHATMA GANDHI

FORMACIÓN A NIVEL SUBCONSCIENTE PARA CAMBIAR HÁBITOS

El concepto de *formación a nivel subconsciente* nació a raíz del proceso de investigación y desarrollo personal que experimenté, que me llevó a descubrir la realidad del mundo en el que vivimos. Consiste en la utilización de técnicas energéticas de acceso a nuestro subconsciente para alcanzar objetivos concretos, por medio de la transformación interior.

Complementando la formación dirigida a la adquisición de conocimientos a nivel consciente, con la formación a nivel subconsciente, es posible alcanzar niveles de desarrollo y transformación personal en muy poco tiempo.

La física cuántica nos ha mostrado la realidad energética de la que formamos parte. El universo está compuesto de minúsculas partículas de energía infinitamente pequeñas. Poniendo suficiente cantidad de estas partículas energéticas juntas, obtenemos un átomo (hidrógeno, carbono, titanio, etc.). Varios átomos juntos forman moléculas (proteínas, grasas, hidratos de carbono, etc.). De este modo llegamos a que todo lo que vemos a nuestro alrededor, y literalmente todo lo que existe, ya sea vegetal, animal, mineral, gas, líquido, sólido o cualquier otra cosa, está hecho de energía. Todos nosotros somos energía en continuo movimiento, y cada uno presenta su propia frecuencia de vibración energética.

El modo en que se almacenan en nuestro cuerpo las creencias y los bloqueos emocionales es también en forma de vibraciones energéticas. Entender esto es la clave para comprender los mecanismos que nos permitirán reprogramar nuestro subconsciente. Bastará con aplicar frecuencias de vibración energética, que entren en resonancia constructiva o destructiva con nuestras propias creencias y emociones, para reescribir nuestro futuro.

La *formación a nivel subconsciente* permite transformar hábitos por medio de la transformación de creencias y la liberación de bloqueos emocionales. No se trata de un proceso basado en la fuerza de voluntad y en el control consciente de nuestras reacciones durante largos periodos de tiempo, lo que supone un gran esfuerzo y mucha paciencia. Como comprobarás, se trata de algo mucho más simple, rápido y efectivo.

> *La formación a nivel subconsciente permite transformar hábitos no deseados sustituyendo las creencias limitantes y los bloqueos emocionales que los generan.*

Las grandes diferencias entre la mente consciente e inconsciente, apuntadas con anterioridad, son la clave que nos permitirá entender el concepto de formación a nivel subconsciente. Como hemos visto, nuestra mente consciente funciona a 40 ciclos por segundo, mientras que la subconsciente lo hace a 20.000.000 de ciclos por segundo. Nuestras creencias y bloqueos emocionales se almacenan con frecuencias vibratorias accesibles por nuestra mente subconsciente, pero no por nuestra mente consciente. Es por ello por lo que difícilmente pueden ser modificadas dichas creencias a través únicamente de nuestra intención y fuerza de voluntad.

Al igual que las ondas de radio o televisión atraviesan las paredes sin generar prácticamente ninguna interferencia, las frecuencias a las que vibran nuestras creencias y emociones no generan prácticamente interferencias con nuestra mente consciente. Únicamente si nuestra mente consciente está asumiendo el control de nuestras respuestas ante un determinado estímulo, podemos bloquear de forma temporal la reacción de nuestra mente subconsciente. Manteniendo ese bloqueo durante un largo periodo de tiempo, se puede llegar a transformar una creencia y a liberar un determinado bloqueo emocional. La transformación de un hábito por este camino es, no obstante, un proceso lento y laborioso.

Sabiendo que las creencias y los bloqueos emocionales no son más que unas determinadas frecuencias a las que vibran algunas células de nuestro cuerpo, la transformación de creencias y la liberación de bloqueos emocionales se convierte en un tema exclusivamente de física.

Para eliminar una frecuencia de vibración energética basta con aplicar una frecuencia que entre en resonancia destructiva con la primera. Por tanto, si queremos eliminar una creencia o liberar un bloqueo emocional, bastará con aplicarle una energía de características similares, que entre en resonancia destructiva.

Llegados a este punto, tan solo falta establecer un cierto orden para obtener los mejores resultados. Los bloqueos emocionales están en un nivel superior y de algún modo amplifican la propia energía de las creencias. En consecuencia, estos bloqueos deben ser liberados previamente para poder realizar procesos de transformación de creencias.

Quizás te suene complicado. No te preocupes, en los próximos capítulos descubrirás lo sencillo que te resulta liberar los bloqueos emocionales y reprogramar las creencias limitantes que te están impidiendo ser una persona altamente efectiva.

¿QUÉ SON LOS 7 HÁBITOS DE LA GENTE ALTAMENTE EFECTIVA?

Los 7 hábitos de la gente altamente efectiva constituyen la estructura de un proceso de desarrollo y crecimiento personal e interpersonal, diseñado por Stephen R. Covey, para alcanzar la eficiencia en todos los ámbitos de la vida cotidiana. Según sus propias palabras, se trata de «sentido común organizado».

El desarrollo de los 7 hábitos es un proceso personal que supone un gran reto, ya que conlleva dejar atrás todos aquellos hábitos de ineficiencia con los que cargamos, así como las emociones y creencias que los generan.

Ser altamente efectivo implica alcanzar aquello que deseas, y además hacerlo de un modo que te permita seguir lográndolo de forma continuada. No se trata únicamente de ser eficaz para conseguir tus metas, sino de hacerlo manteniendo en perfectas condiciones tus herramientas. Consiste en poner a un nivel similar el objetivo perseguido y la necesidad de mantenerte en condiciones óptimas para seguir consiguiendo resultados similares en el futuro.

> Es **eficaz** quien alcanza sus objetivos.
> Es **eficiente** quien alcanza sus objetivos con el menor número de recursos.
> Es **efectivo** quien alcanza sus objetivos con el menor número de recursos, al tiempo que mantiene su capacidad para seguir alcanzando sus objetivos en el futuro.

Lograr una efectividad duradera requiere de unos hábitos basados en principios o valores fundamentales. Se trata de leyes universales que gobiernan todas las cosas y que, por tanto, permiten sustentar de forma sólida hábitos duraderos. Integridad, fidelidad, valor, compasión, responsabilidad, contribución, bondad, humildad o justicia son algunos de los principios sobre los que se sustentan los 7 hábitos.

En realidad, lo que desarrollan los 7 hábitos es un determinado carácter, una transformación interior que va mucho más allá de los valores sociales o la imagen que transmitimos o deseamos transmitir. Se trata de una transformación en nuestra forma de ver y afrontar cada situación.

Los 7 hábitos te permitirán experimentar la vida desde un proceso de maduración continua, que te llevará a traspasar fronteras, desde la dependencia hacia la independencia y hasta la interdependencia.

Las personas dependientes necesitan a los demás para conseguir lo que quieren, las independientes consiguen lo que quieren gracias a su propio esfuerzo, y las interdependientes combinan sus esfuerzos con los esfuerzos de otros para lograr un éxito mayor.

Ser interdependiente es situarse en un nivel de madurez más alto, que capacita para ser buenos líderes y buenos miembros de un equipo.

El resultado de la integración personal de los 7 hábitos podrás observarlo en la forma de enfocar las situaciones diarias y en los resultados que irás obteniendo. Algunos ejemplos de estos resultados serán:

- ☆ Conseguir objetivos personales y profesionales con mayor facilidad y rapidez.
- ☆ Desarrollar mejores relaciones de trabajo con tus colaboradores.
- ☆ Mejorar tus relaciones personales en el ámbito de la familia.
- ☆ Hacerte más efectivo en todo lo que haces.

Los 7 hábitos están interrelacionados, y se estructuran en tres grandes bloques, que persiguen objetivos claramente diferenciados. Su desarrollo debe ser realizado de forma secuencial y progresiva, a fin de alcanzar el máximo crecimiento personal y nivel de madurez.

El primer bloque incorpora los tres primeros hábitos, y tiene que ver con el autodominio. Partiendo del principio de que antes de liderar a otros debemos saber liderarnos a nosotros mismos, estos tres hábitos nos llevan a asumir nuestra propia responsabilidad, para alcanzar la independencia mental y emocional, que nos hace libres.

Autoconfianza, conocimiento de uno mismo, paz interior, integridad, autocontrol, etc., son algunas de las cualidades desarrolladas en este primer bloque.

El segundo bloque incluye los tres siguientes hábitos, dirigidos a desarrollar la personalidad, así como las capacidades y habilidades que permiten obtener el máximo rendimiento con el trabajo en equipo, la cooperación y la comunicación, o lo que es lo mismo, desarrollar las habilidades de interdependencia.

El desarrollo de este segundo bloque llevará a un nivel de mayor profundidad, solidez y creatividad en las buenas relaciones, y a la reconstrucción de relaciones importantes que ahora están deterioradas o incluso rotas.

El último bloque incorpora el hábito número 7, que está dirigido a la renovación regular y equilibrada de las cuatro dimensiones básicas de la vida. Busca mantener los hábitos anteriores siempre en situación óptima, estableciendo el camino hacia la excelencia.

Hábito 1: SÉ PROACTIVO. El concepto principal de este hábito radica en la interiorización de que la vida es producto de nuestros valores y nuestras decisiones, y no de los condicionantes que nos encontramos por el camino. Todos tenemos la capacidad de decidir nuestras respuestas ante cualquier estímulo. Es ahí donde radica nuestro poder, y donde se genera nuestro crecimiento y felicidad.

El hábito 1 es tomar conciencia de que soy el programador de mi propia vida.

Hábito 2: EMPIEZA CON EL FIN EN MENTE. Todo lo que creamos debe ser antes visualizado en nuestra mente. Este hábito parte del concepto de visión, propósito, significado, misión, etc., que le da sentido a la vida y a todo lo que hacemos. Es el liderazgo personal.

El hábito 2 consiste en definir qué es lo que quiero lograr.

Hábito 3: PON PRIMERO LO PRIMERO. Una vez definido el objetivo, debemos tener el conocimiento y la disciplina para priorizar lo importante, en lugar de dejarse llevar exclusivamente por lo urgente o por las prioridades de los demás.

El hábito 3 consiste en gestionar correctamente el tiempo para conseguir tus metas.

Hábito 4: PIENSA EN GANAR-GANAR. Este es el hábito del beneficio mutuo, y está basado en el principio de la abundancia, en contraposición a la escasez. La victoria de una persona no necesariamente ocurre a expensas de la derrota de otra.

El hábito 4 consiste en buscar siempre acuerdos en los que ambas partes ganen.

Hábito 5: **BUSCA PRIMERO ENTENDER Y LUEGO SER ENTENDIDO.** Es el hábito de la comunicación efectiva. Comprender primero el interés del otro es el camino más rápido y fácil para alcanzar acuerdos satisfactorios y equilibrados.

> *El hábito 5 consiste en escuchar con empatía, con la intención de entender, sin juzgar.*

Hábito 6: **SINERGIZA.** Este es el hábito de la cooperación creativa y el trabajo en equipo. El principio que soporta este hábito es que el todo es más que la suma de las partes. Las diferencias deben ser celebradas y aprovechadas.

> *El hábito 6 consiste en utilizar lo mejor de cada individuo para generar grandeza.*

Hábito 7: **MEJORA CONTINUAMENTE.** Consiste en la renovación, el aprendizaje continuo y la mejora constante, y está basado en el principio de que tenemos la capacidad de regenerarnos a nivel físico, mental, emocional y espiritual.

> *El hábito 7 es asumir la responsabilidad de tu salud física, mental, emocional y espiritual.*

¡PREPARADOS!

El desarrollo ordenado de estos 7 hábitos te llevará a alcanzar niveles de efectividad y excelencia que quizás no hayas tenido ocasión de experimentar anteriormente. Se trata de vivir desde un proceso creativo, que gracias al séptimo hábito nunca termina.

Con independencia de tu situación actual, que conocerás con más detalle en el próximo capítulo, tú no eres tus hábitos. Tu potencial es inmenso, y simplemente has estado limitado durante algún tiempo por tus viejos hábitos. Prepárate para sustituir esos viejos hábitos por otros nuevos, construidos sobre unos pilares de efectividad, felicidad y relaciones basadas en la confianza.

En el próximo capítulo, aprenderás las técnicas con las que llevar a cabo tu formación, o transformación interior, a nivel subconsciente, que te introducirá de lleno en este proceso de creatividad sin fin.

3
¡Listos!

*Nada puedes enseñar a un hombre; solo
ayudarle a encontrarlo por sí mismo.*

Galileo Galilei

En el capítulo anterior descubriste el terreno de juego en el que se desarrollan nuestras vidas. En este, vas a conocer un conjunto de técnicas que te permitirán dar un salto cuantitativo y cualitativo en tu autoconocimiento y desarrollo personal. Probablemente estés ante el capítulo más importante de este libro.

Imagina por un instante que tuvieras ante ti un ordenador conectado con tu mente subconsciente, a través del cual pudieras consultar cualquier información almacenada o modificar la información que utiliza tu subconsciente cuando determina tus acciones y reacciones, tanto físicas como emocionales. Exactamente eso es lo que te permiten las técnicas incluidas en este capítulo.

Aprenderás a acceder a la sabiduría que encierra tu subconsciente para conocerte mejor y para guiarte en tu proceso de desarrollo personal. Obtener respuestas de tu yo *no racional* respecto a cómo eres realmente, qué creencias y emociones dirigen tu vida o qué es lo mejor para ti en cada instante es una parte de lo que puedes llegar a obtener una vez interiorizado este capítulo.

La otra parte es la transformación interior, que consiste en eliminar los bloqueos emocionales que tanto te hacen sufrir y en reprogramar las creencias limitantes que te impiden disfrutar de la vida que tú quieres vivir.

La técnica que utilizarás para realizar preguntas a tu subconsciente es el test muscular, que forma parte de la kinesiología (ciencia que estudia los músculos y sus movimientos). Esta técnica te permitirá experimentar las respuestas en primera persona, por medio de reacciones totalmente diferenciadas en tus propios músculos, más allá de tu control consciente.

Asegúrate de realizar los ejercicios de este capítulo, y de los siguientes, en un lugar tranquilo y solitario. Evita hacerlo en lugares públicos y ruidosos, o en aquellos donde sea fácil tener distracciones o interrupciones de cualquier tipo. También puedes realizar los ejercicios en pareja o en grupo, teniendo presente que tanto la velocidad como los efectos de la transformación serán distintos para cada persona.

TEST MUSCULAR

> *No vayas fuera, vuelve a ti mismo.*
> *En el hombre interior habita la verdad.*
> San Agustín

El test muscular va a convertirse en una parte fundamental de tu proceso de desarrollo personal, ya que es la herramienta que te permitirá saber dónde estás en cada momento y cuál es el camino que debes seguir para alcanzar tus metas. Será tu brújula personal.

El test muscular te permitirá hacerle preguntas a tu subconsciente para verificar si las creencias que hemos identificado en cada momento son realmente tus creencias. Podrás hacerle cualquier pregunta a tu subconsciente, y la respuesta será siempre *sí* o *no*.

Al igual que el polígrafo, o máquina de la verdad, el test muscular se basa en la respuesta energética que nuestro organismo ofrece instantáneamente ante cualquier estímulo: una respuesta muscular de fortaleza cuando los estímulos son positivos y de debilidad cuando son negativos. Ya se trate de estímulos físicos, emocionales, intelectuales o de cualquier otro tipo, la respuesta que producen es siempre idéntica y reproducible. Los estímulos benignos o positivos generan fortaleza en nuestros músculos, mientras que los estímulos hostiles o negativos generan debilidad repentina en ellos. Cuando realizamos cualquier afirmación, nuestros músculos responden instantáneamente debilitándose si nuestro subconsciente considera que es falsa. Cuando acercamos a nuestro organismo un estímulo físico hostil, como puede ser un edulcorante artificial, la respuesta de nuestros músculos es igualmente de debilidad.

Cabe resaltar que la respuesta de debilidad en esta prueba va siempre acompañada de la falta de sincronización de los hemisferios cerebrales, tal como demostró en el año 1973 John Diamond en la Academia de Medicina Preventiva Americana.

El test muscular podría realizarse prácticamente en cualquier músculo del cuerpo, ya que todos ellos reciben la misma señal energética. De hecho, son muchas las variantes que se pueden encontrar realizando una simple búsqueda por Internet, pero lo cierto es que en algunos músculos resultan más fácilmente diferenciables las respuestas afirmativas de las negativas.

Los test musculares más frecuentes requieren de la participación de dos personas: el que realiza el test y la persona sobre la que se testa. Hacerlo de este modo representaría una limitación o condicionamiento para tu proceso de desarrollo, ya que te haría depender de un tercero. Es por ello por lo que nos vamos a centrar exclusivamente en algunas técnicas de test muscular que pueden ser utilizadas de forma autónoma (autotest).

A continuación encontrarás una descripción detallada de varios métodos de autotest muscular. El objetivo es que puedas experimentar con todos ellos y les dediques el tiempo suficiente para identificar aquel con el que mejor percibas la diferencia entre la respuesta afirmativa y la negativa. Hazlo de forma relajada y concentrándote en lo que estás haciendo.

Debes saber que, con cualquiera de los diferentes sistemas que vas a ver, cuanto más practiques y más lo utilices, mayor sensibilidad tendrás para identificar las respuestas.

¡LISTOS!

> *Aquel que mira fuera, sueña.*
> *Quien mira en su interior, despierta.*
> CARL JUNG

Test del balanceo

Personalmente considero este test el más sencillo, y el que permite identificar con mayor facilidad el *sí* y el *no*, pero no tiene por qué ser tu caso. Debes ser tú mismo quien identifique el test que te proporciona mayor confianza.

Sitúate de pie, en posición vertical, asegurándote de estar cómodo. El lugar en el que te encuentres debe ser tranquilo y libre de distracciones.

A continuación, permanece parado, con los pies separados a la misma distancia aproximada que los hombros y las manos colgando a los costados. Realiza varias respiraciones profundas, dejando ir todas tus preocupaciones, relajando tu cuerpo y centrando tu conciencia en las plantas de los pies. Cierra los ojos si te sientes más cómodo o te ayuda a concentrarte.

En pocos segundos notarás que es casi imposible permanecer completamente quieto. Tu cuerpo cambiará su posición continuamente de manera suave en diferentes direcciones, mientras tus músculos trabajan para mantener su posición vertical. Notarás que esos movimientos son suaves y no están bajo tu control consciente.

Cuando hagas una afirmación positiva, verdadera o congruente, o cuando pienses en algo agradable, tu cuerpo se balanceará en alguna dirección —adelante, atrás, hacia un costado— o simplemente se quedará quieto. Normalmente la respuesta es bastante rápida; pocos segundos son suficientes.

Por el contrario, si haces una afirmación negativa, falsa o incongruente, o cuando pienses en algo desagradable, tu cuerpo se balanceará en la dirección opuesta o bien realizará un movimiento diferente.

La mayoría de las personas refieren la respuesta afirmativa con un balanceo hacia delante, y la negativa, con un balanceo hacia atrás.

Algunos, con una elevada sensibilidad al magnetismo de la Tierra, necesitan estar orientados hacia el norte al realizar este test.

¡LISTOS!

Tanto para el test del balanceo que acabas de ver como para los que verás a continuación, puedes realizar las siguientes pruebas:

- ✮ Di: «Me llamo _____», utilizando primero tu nombre real y después otro falso.
- ✮ Piensa en alguien a quien ames, y luego en alguien a quien odies, temas o por quien albergues algún tipo de resentimiento.
- ✮ Repite mentalmente «Sí, sí, sí...» y a continuación hazlo con: «No, no, no...».
- ✮ Di: «Hoy es (día de la semana correcto)», y luego hazlo con otro día incorrecto.
- ✮ Busca y mira una fotografía de Hitler o Stalin, y luego haz lo mismo con una de Gandhi o de la Madre Teresa.
- ✮ Toma las mismas fotografías de antes y mételas en sobres idénticos. A continuación, y sin saber lo que contiene cada sobre, toma uno y acércalo a tu pecho. Luego haz lo mismo con el otro.
- ✮ Acerca a la boca del estómago un sobre de azúcar o cualquier edulcorante artificial, y después haz lo mismo con un sobre de stevia o simplemente con una pieza de fruta.

Puedes probar con cualquier otra afirmación o estímulo físico o emocional que se te ocurra. A medida que vayas obteniendo respuestas, comenzarás a identificar el verdadero potencial de esta herramienta.

Test Eslabón de la cadena

Junta las yemas de los dedos índice y pulgar de la misma mano formando un aro y haz lo mismo con los dedos índice y pulgar de la otra mano. Engárzalos como si se tratara de dos eslabones de una cadena.

A continuación inspira y lleva tu conciencia a los dedos de tus manos. Si estiras, tan solo deberían separarse, rompiéndose uno de los eslabones, cuando la respuesta muscular es negativa. Si la respuesta muscular es positiva, deberían permanecer unidos pese a la presión ejercida.

Realiza el movimiento de forma suave, separando gradualmente las manos. Sin movimientos bruscos.

Los dedos índice y pulgar no deben ser presionados con fuerza. Simplemente han de estar juntos manteniendo una ligera tensión.

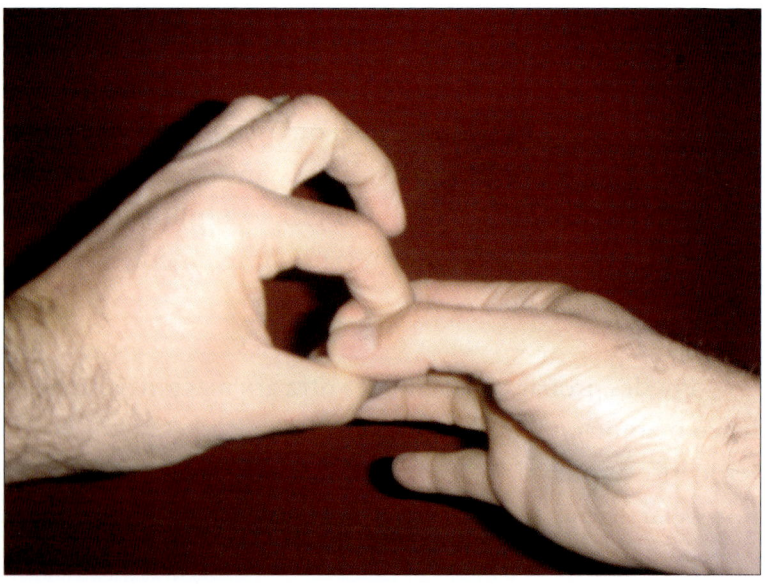

La clave de este test reside en equilibrar la tensión de los dedos con el movimiento de separación de ambas manos, de modo que se pueda llegar a identificar la diferencia entre el *sí* y el *no*.

Puedes realizar las pruebas apuntadas anteriormente para verificar tu sensibilidad con este método.

Test Romper el aro

Presiona las yemas de los dedos índice y pulgar de tu mano no dominante formando un aro. Introduce el dedo índice de tu mano dominante dentro del aro.

A continuación inspira y lleva tu conciencia a los dedos de tu mano no dominante, que están formando el aro, manteniéndolos ligeramente en tensión. Con el dedo índice de la mano dominante harás fuerza intentando romper el aro. Tan

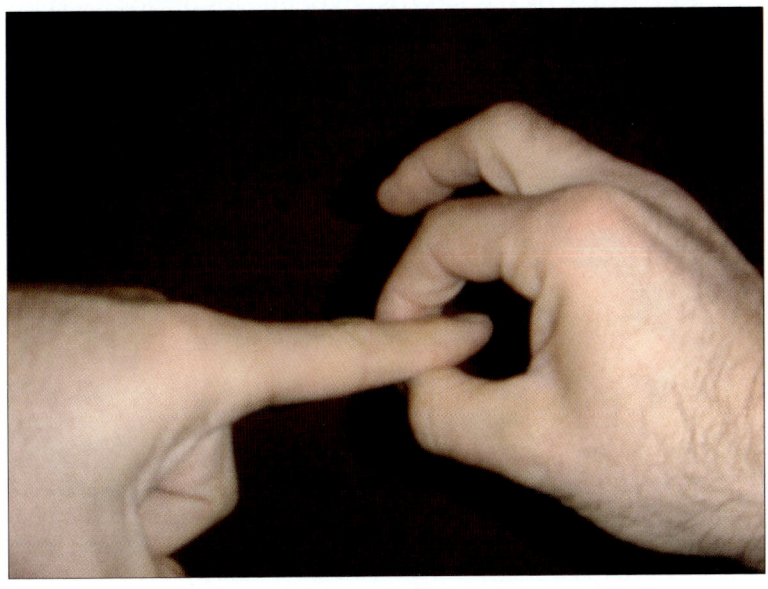

solo debería romperse cuando la respuesta muscular es negativa. Si la respuesta muscular es positiva, debería permanecer intacto, pese a la presión ejercida.

Realiza el movimiento de forma suave, desplazando gradualmente el dedo índice. Sin movimientos bruscos.

Los dedos índice y pulgar de la mano no dominante no deben ser presionados con fuerza. Simplemente han de estar juntos manteniendo una ligera tensión.

Puedes realizar las pruebas apuntadas anteriormente para verificar tu sensibilidad con este método.

Otras modalidades de autotest

Otras modalidades de autotest que puedes probar para identificar las diferencias entre las respuestas afirmativas y negativas de tu subconsciente son las siguientes:

EXTENSIÓN DE LOS BRAZOS. Extiende los brazos hacia los lados. Repite en voz alta o mentalmente la afirmación que

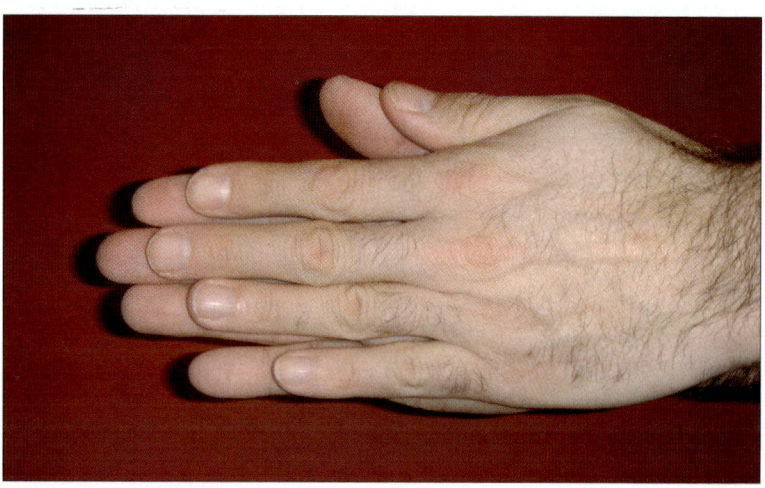

quieres testar y muévelos con rapidez hacia el frente juntando las palmas de las manos con los dedos estirados. Fíjate en qué mano sobresale más lejos que la otra. Descubrirás que las respuestas afirmativas provocan que sea una mano la que sobresalga, mientras que las negativas hacen que sobresalga la otra. También puede suceder que en una de las respuestas (afirmativa o negativa), la extensión de ambas manos coincida.

Separar los dedos. Junta los dedos anular y pulgar de tu mano no dominante formando un aro y sitúa los dedos índice y pulgar de la otra mano en el interior del aro. A continuación presiona con el índice y el pulgar hacia el exterior intentando que los dedos que forman el aro se separen. Una respuesta afirmativa mantendrá la tensión, impidiendo que se separen, mientras que una respuesta negativa hará que se rompa el aro al separarse el anular y el pulgar.

Presión sobre el dedo índice. Coloca el dedo corazón sobre el índice. El índice, recto y en tensión mientras presionas hacia abajo con el dedo corazón. Una respuesta fuerte impedirá que el dedo corazón baje, mientras que una respuesta débil hará ceder al índice y permitirá que el dedo corazón baje.

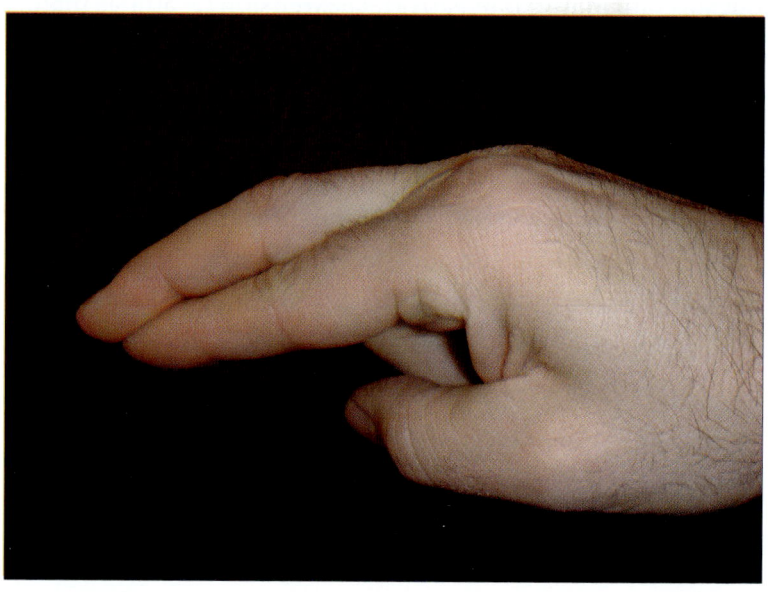

Tragar saliva. Di en voz alta o mentalmente la afirmación que quieres testar y a continuación intenta tragar saliva. Por lo general, la respuesta negativa provoca una dificultad para tragar, mientras que la afirmativa permite tragar con normalidad.

Juntar los dedos. Coloca los dedos índice y pulgar de tu mano no dominante en paralelo uno con el otro. A continuación pasa los dedos índice y pulgar de tu mano dominante por encima y por debajo de los anteriores respectivamente,

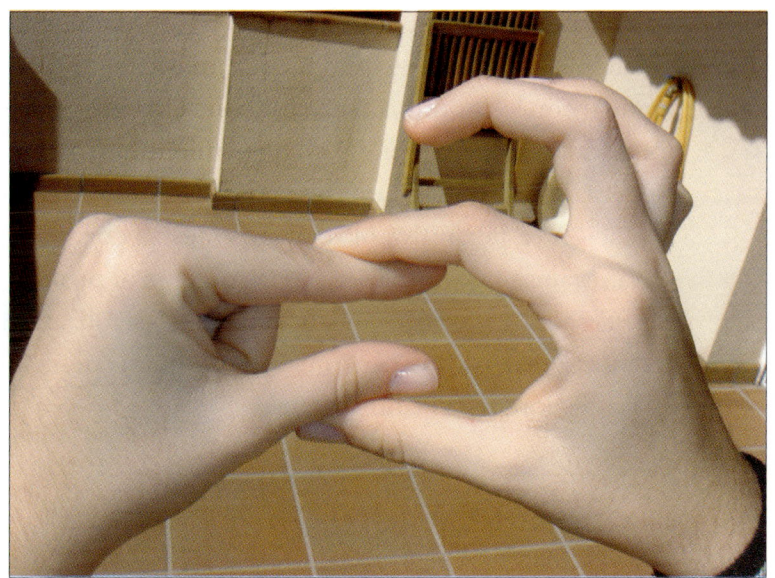

realizando presión para que se junten. Una respuesta fuerte impedirá que los dedos de tu mano no dominante se unan, mientras que una respuesta débil será incapaz de impedir que lo hagan.

Existe una tendencia natural a cuestionarse, al principio, cada respuesta obtenida realizando el autotest. Cuanto más utilices esta técnica, más rápidamente desaparecerá dicha duda. Simplemente confía en ti mismo y en tu subconsciente, que es de donde emanan todas las respuestas.

En cualquier caso, hay algunas situaciones confusas con las que te puedes encontrar, para las que te será útil la siguiente información:

★ Si la respuesta es débil (*no*) tanto con los estímulos positivos como con los negativos, estimula la glándula timo (en la parte superior del esternón) dando golpecillos suaves con las puntas de los dedos de una mano o con los nudillos, a un ritmo de «un-dos-tres», mientras sonríes y piensas en alguien a quien amas. Realiza este ejercicio durante un par de minutos. Esta actuación te permitirá obtener respuestas correctas durante unas horas, pero no es la solución al problema. Pasadas esas horas, cuando vuelvas a realizar el test muscular es probable que tengas que repetir la estimulación de la glándula timo.

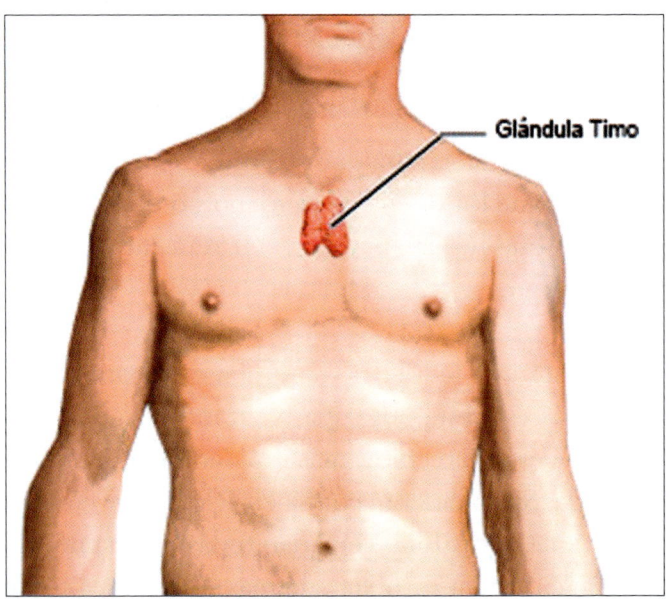

* Si la respuesta es fuerte (*sí*) tanto con los estímulos positivos como con los negativos, bebe un vaso de agua y espera unos segundos. Una ligera deshidratación en la boca provoca frecuentemente bloqueos

energéticos, que se traducen en este tipo de respuestas erróneas.

* Si utilizando el test del balanceo te encuentras la misma respuesta ante todo tipo de estímulo, y es la primera vez que lo utilizas, no sabrás diferenciar si la respuesta es débil o fuerte. Dado que el problema más habitual cuando se obtienen respuestas confusas es una ligera deshidratación en la boca, deberías intentar la solución del vaso de agua, y en caso de no funcionar pasados unos minutos, estimular la glándula timo.

Si es tu primer contacto con el test muscular, quizás te haya sorprendido. Es lógico. Se trata de una herramienta extremadamente útil, que te permitirá alcanzar un nivel de conocimiento ilimitado sobre ti mismo. Ahora bien, nunca hagas una pregunta si no estás preparado para la respuesta. La realidad puede ser bastante diferente de lo que tú piensas.

Una vez identificada la modalidad de test muscular con la que tienes más sensibilidad, puedes experimentar con las creencias incluidas en el Anexo 1 o con cualquier otro estímulo que se te ocurra, ya sea físico, mental o emocional. Hacerlo te permitirá alcanzar un mayor conocimiento de ti mismo.

Procura tomarte el tiempo necesario para obtener la respuesta correcta a cada pregunta, evitando ir demasiado rápido.

Cuando consideres que diferencias las respuestas positivas de las negativas con alguna de las técnicas anteriores, somete al test muscular la siguiente pregunta:

¿Domino suficientemente el test muscular para continuar con el proceso de desarrollo personal incluido en este libro?

Si la respuesta es *sí*, continúa con el siguiente apartado. En caso de obtener un *no*, debes practicar algo más antes de proseguir.

El siguiente apartado te guiará por un proceso de autoconocimiento. Anota todas las respuestas que vayas obteniendo en la hoja de «Situación inicial», en el Anexo 2 (autoconocimiento), o bien en una hoja aparte que deberás conservar hasta haber finalizado el libro. Es importante hacerlo, ya que volverás a ella al final de tu proceso de desarrollo personal para evaluar tu progresión.

TU PUNTO DE PARTIDA

Si quieres tener éxito, debes respetar una regla: nunca te mientas a ti mismo.
PAULO COELHO

En este apartado utilizarás el test muscular para profundizar en el conocimiento de ti mismo. Procura no entrar a valorar o juzgar los resultados que vayas obteniendo. Permítete simplemente llevar a cabo este proceso de autodescubrimiento con la tranquilidad y confianza de que, con independencia de tu situación actual, al finalizar el proceso estarás mucho más cerca de convertirte en la persona altamente efectiva que quieres ser.

Si lo que vas descubriendo no encaja con lo que pensabas o te gustaría, no te sientas afectado negativamente, ya que en el siguiente capítulo tendrás la ocasión de liberar los bloqueos emocionales y modificar las creencias limitantes que te impiden ser como realmente quieres. Además, conocer tu punto de partida es fundamental para que puedas valorar en toda su medida el importante salto que, a buen seguro, habrás realizado al finalizar este libro.

Por muy sorprendente que te parezca lo que descubras, una vez reflexiones sobre ello, te darás cuenta de que las respuestas que obtienes de tu subconsciente a través del test muscular siempre muestran la verdad.

Deja de lado toda suposición o creencia que tengas respecto del posible resultado en cada pregunta y permanece abierto a cualquier respuesta. Si en algún momento del proceso obtienes una respuesta conflictiva o poco clara, respira en profundidad, relájate y repítete mentalmente: «Voy a obtener una respuesta clara a esta pregunta y a todas las demás», e inténtalo de nuevo.

Tus valores

Por medio del test muscular, analizarás veinticinco valores diferentes. Se trata de valores importantes, que dan sustento a los hábitos de efectividad. El hecho de carecer de algunos de ellos limita el nivel de efectividad con el que desarrollamos nuestra vida.

No debe preocuparte el resultado obtenido al realizar el test muscular, ya que únicamente reflejará el punto de partida, y lo realmente importante son las creencias y valores con los que te quedarás al finalizar este proceso.

Utiliza el test muscular con cada una de las siguientes creencias y anota los resultados en la hoja de «Situación inicial» del Anexo 2.

1. *Soy el responsable de lo que pasa en mi vida.*
2. *Soy una persona segura de sí misma.*
3. *Soy optimista en todo momento.*
4. *Confío en mí mismo y en los demás.*
5. *Asumo la responsabilidad de mis actos.*
6. *Soy íntegro y honesto conmigo mismo y con los demás.*
7. *Supero cualquier dificultad.*
8. *Soy constante en todo lo que me propongo.*
9. *Tengo claridad mental en todo momento.*
10. *Tengo pensamiento creativo.*
11. *Establezco prioridades y gestiono mi tiempo orientándome a las tareas realmente significativas.*
12. *Delego las tareas no importantes.*
13. *Mi capacidad de negociación está basada en principios.*
14. *Soy flexible.*
15. *Soy agradecido.*
16. *Escucho con empatía, con la intención de entender.*
17. *Soy amable, generoso y compasivo con los demás.*
18. *Valoro y respeto la pluralidad y las diferencias.*
19. *Estoy comprometido con el trabajo en equipo.*
20. *Soy leal a mi grupo.*
21. *Me renuevo diariamente a todos los niveles: físico, mental, emocional y espiritual.*
22. *Tengo una mente abierta.*
23. *Gestiono correctamente mis emociones.*
24. *Cuido mi cuerpo.*
25. *Soy responsable de mi salud física y emocional.*

Si has obtenido una respuesta afirmativa en todas las creencias anteriores, muchas felicidades. Tus valores fundamentales están en un nivel realmente elevado. Aun así, te recomiendo continuar con el proceso, ya que hay mucho más por hacer. En caso de no haber obtenido respuestas afirmativas en todas las creencias, no te preocupes y olvídate por el momento de los resultados. Volverás a ellos cuando corresponda.

Los 7 hábitos en tu vida actual

A continuación vas a permitir que tu subconsciente señale el nivel que te define en cada uno de los 7 hábitos. Partiendo de una escala que va de 0 a 10, en la que 0 es la inexistencia de este hábito y 10 su máxima expresión, permitirás a tu subconsciente, por medio del test muscular, identificar el valor que señala tu nivel de madurez actual en cada hábito.

El nivel de madurez o desarrollo de cada uno de los hábitos de eficiencia no tiene por qué estar relacionado con el nivel cultural, económico, de estudios, reconocimiento social o éxito profesional que uno tenga; aunque es cierto que un elevado nivel de eficiencia lleva a alcanzar mayores éxitos en todos los puntos anteriores.

Es habitual que cada persona presente un nivel de madurez diferente para cada área de su vida. Lo que harás a continuación es buscar tu nivel de madurez global en cada uno de los 7 hábitos, o lo que es lo mismo, aquel que aglutina todos los niveles de las diferentes áreas de tu vida.

El hecho de no haber profundizado todavía en lo que representa cada uno de los 7 hábitos no es ningún impedimento para realizar este proceso de autoconocimiento. Recuerda que es tu mente subconsciente la que da las respuestas, y en ese nivel sí que existe el conocimiento necesario de cada uno de los hábitos. De hecho, podríamos obtener respuestas correctas incluso sin haber explicado nada de cada uno de los hábitos.

Repite el proceso definido a continuación para cada uno de los 7 hábitos, y ve anotando los resultados en la hoja de «Situación inicial» del Anexo 2:

1. Cierra los ojos y focaliza tu intención en la meta que persigues. Para ello repítete mentalmente: «Voy a identificar con exactitud mi nivel de madurez global en el hábito 1 [2, 3...], en una escala de 0 a 10».
   Esta parte del proceso es muy importante. Es la forma de definir con claridad lo que estás preguntando a tu subconsciente. Recuerda que podemos presentar diferentes niveles de madurez para cada área de nuestra vida, de modo que la correcta identificación de la pregunta es fundamental para obtener la respuesta correcta.
2. A continuación, utilizando el test muscular, realizarás un proceso de búsqueda, que te permitirá identificar tu nivel de madurez para este hábito. Comienza del siguiente modo:

Mi nivel de madurez para este hábito es MAYOR O IGUAL que 5.

Si obtienes una respuesta afirmativa, vuelve a preguntar con el nivel 6, después el 7... hasta obtener una respuesta negativa. Una respuesta negativa indica que tu nivel de madurez es el último en el que lograste una respuesta afirmativa. Por ejemplo, si tienes respuestas afirmativas con el valor 5 y el 6, pero no con el valor 7, tu nivel de madurez se sitúa en el 6.

Si en la primera pregunta correspondiente al nivel 5, obtienes una respuesta negativa, deberás buscar por debajo de este valor. Hazlo diciendo directamente: «Mi nivel de madurez para este hábito es 4»; si la respuesta es *no*, prueba con el 3, el 2, etc., hasta obtener una respuesta positiva. En este caso, la respuesta positiva indica directamente el nivel de madurez.

¡Enhorabuena por haber llegado hasta aquí!

Estoy seguro de que el conocimiento que tienes sobre ti mismo habrá aumentado en las últimas horas. Se trata de una parte importante del proceso, ya que cualquier transformación interna requiere de la voluntad para llevarla a cabo. Sin el conocimiento de la situación real en la que estamos, en ocasiones resulta difícil ver la necesidad del cambio o tomar la determinación para llevarlo a cabo.

HERRAMIENTAS DE TRANSFORMACIÓN

> *Nadie puede nadar hasta la orilla y llevar su equipaje consigo.*
> Séneca

Ha llegado la hora de aprender a liberarte de esas emociones y patrones de comportamiento que te hacen distinto de la persona que tú realmente deseas ser.

La transformación de los patrones de comportamiento no deseados se conseguirá en la medida en que realices lo siguiente:

LIBERAR LOS BLOQUEOS EMOCIONALES. Un bloqueo emocional está provocado por una o varias emociones atrapadas, y el desbloqueo pasa por la identificación de estas emociones y la posterior neutralización de sus energías.

TRANSFORMAR LAS CREENCIAS LIMITANTES EN CREENCIAS POTENCIADORAS. En el caso de las creencias limitantes, la solución no pasa por eliminarlas, sino por sustituirlas por creencias potenciadoras.

Ambas actuaciones son imprescindibles y deben ser realizadas en un determinado orden para alcanzar lo más rápidamente posible los objetivos.

Como ya hemos visto, somos energía en continuo movimiento. Nuestras creencias y bloqueos emocionales son asimismo frecuencias vibratorias que afectan a una parte, o a la totalidad, de nuestras células. Las técnicas que aprenderás a continuación te permitirán acceder a esas frecuencias vibratorias no deseadas, por medio de mecanismos simples de activación o recirculación energética, tanto a nivel eléctrico como magnético. En definitiva, aplicarás energías con frecuencias similares a las utilizadas por esas creencias y emociones no deseadas, que al entrar en resonancia con ellas permitirán regrabar nuestras memorias celulares.

En primer lugar veremos una técnica que te permitirá librarte de los bloqueos emocionales que te están condicionando. Las siguientes técnicas te facilitarán la sustitución de creencias limitantes por creencias potenciadoras.

Estás a punto de descubrir algunas técnicas que te darán libertad para ser quien realmente quieras y para vivir la vida que desees. Todas ellas son técnicas tremendamente simples, que pueden ser aprendidas y utilizadas rápidamente por cualquiera. Ánimo...

> *No dejes que tu pasado, sea el que sea,*
> *oscurezca tu visión de un futuro brillante.*
> ALEX ROVIRA

LIBERACIÓN DE BLOQUEOS EMOCIONALES

La técnica de liberación de bloqueos emocionales que utilizaremos es el Reset Emocional de Método INTEGRA. Se trata de una técnica diseñada para liberar bloqueos de forma rápida, neutralizando sus energías latentes, y sin la necesidad de identificar cada una de las emociones atrapadas que componen el bloqueo, ni conocer su origen.

En mayor o menor medida, prácticamente todos tenemos bloqueos emocionales. El simple hecho de vivir nos lleva a experimentar diferentes situaciones en nuestro día a día que hacen que la mayoría de nosotros vayamos almacenando emociones atrapadas. Cualquier nueva vivencia que nos genere una emoción similar a la que quedó atrapada, lo que hace es reforzar y amplificar dicha emoción.

Los bloqueos emocionales y las emociones atrapadas que serán objeto de liberación por medio de esta técnica son exclusivamente las emociones negativas. Los bloqueos emocionales generados a partir de emociones positivas resultan altamente beneficiosos, y son por tanto deseables. De ahí que los cursos de desarrollo de habilidades, o incluso de desarrollo personal, utilicen habitualmente ejercicios para provocar emociones positivas en los participantes.

A efectos del proceso de desarrollo personal incluido en este libro, nos centraremos de forma exclusiva en la aplicación de esta técnica para liberar aquellos bloqueos emocionales relacionados con las áreas que trabajaremos en el próximo capítulo. En cualquier caso, debes saber que buena parte de las patologías físicas y emocionales que sufrimos, tienen su origen en bloqueos emocionales, por lo que esta técnica de Liberación también puedes utilizarla como complemento a la medicina para tratar cualquier patología. No dudes en hacerlo, ya que como verás a continuación, la técnica recurre a la sabiduría de tu subconsciente, de modo que si realmente resulta de utilidad te lo dice, y si no es así, también lo hace. Además, el efecto de cualquier liberación de una emoción atrapada sólo puede ser positivo.

Los resultados de aplicar esta técnica pueden notarse de forma instantánea, especialmente cuando hay algún tipo de malestar físico; aunque en la mayoría de ocasiones los efectos son más sutiles y se observan con el paso de las horas o los días.

Antes de comenzar con esta técnica, debes localizar un imán de nevera. Será una de tus dos herramientas básicas de trabajo. La otra herramienta ya la conoces; es el test uscular.

En 1992, el investigador J. L. Kirshvink y sus colegas descubrieron magnetita (mineral negro compuesto de óxido de hierro) en las células del tejido cerebral humano. Las partículas cristalinas de magnetita son los imanes más pequeños que existen en la naturaleza, y están relacionadas con los ritmos ultradianos y circadianos del ser humano. Podemos ver sus efectos cada vez que nos desplazamos en avión a larga distancia, cuando sufrimos jet lag, mientras los ritmos

circadianos de nuestro organismo se adaptan al nuevo patrón diurno y mientras se reorienta nuestro campo electromagnético personal con los patrones del campo electromagnético de la Tierra del lugar donde nos encontramos tras el viaje.
La magnetita también existe en el cerebro de diversos

La magnetita también existe en el cerebro de diversos animales que poseen la capacidad de orientarse con el campo magnético de la Tierra, como las palomas mensajeras, las abejas y los peces migratorios.

La existencia de magnetita en nuestro cerebro hace que las terapias por estimulación magnética (imanes) sean realmente eficaces en muchos tipos de tratamientos.

En nuestro caso, el imán te servirá para transformar la frecuencia energética de tu intención a través del meridiano Gobernante. Este será el método por el cual te desharás de las emociones atrapadas y, por tanto, liberarás los bloqueos emocionales.

Embarazadas y portadores de marcapasos, así como de otros implantes que puedan verse afectados por el campo magnético del imán, sólo deben utilizar esta técnica con la aprobación de un médico.

La técnica de liberación de bloqueos emocionales que utilizarás, el Reset Emocional de Método INTEGRA, es realmente sencilla y consiste en una liberación secuencial de las emociones atrapadas, sin la necesidad de identificar de qué emoción se trata, ni por supuesto, su origen. Antes de aplicarla por primera vez, es recomendable leer todos los pasos a fin de entender el proceso en su totalidad.

RESET EMOCIONAL DE MÉTODO INTEGRA

El Reset emocional es una técnica exclusiva de Método INTEGRA, que nació como respuesta a mi objetivo personal de poder realizar desbloqueos emocionales con grupos de personas en los cursos de transformación que realizamos, o en cualquier tipo de evento multitudinario.

Como si de un Reset informático se tratara, por medio del cual se libera toda la información almacenada en la memoria del ordenador, nosotros procederemos a liberar todas esas memorias emocionales que nos sobran, sin tener que identificar una a una las emociones que componen cada bloqueo.

Por medio del Reset Emocional liberaremos todos aquellos bloqueos emocionales que se hallen relacionados con el objetivo perseguido, y consecuentemente las emociones atrapadas que los componen.

La dirección en la que miramos establece una activación cerebral específica, así como el acceso a determinada información a nivel subconsciente, lo que nos permitirá realizar una liberación emocional selectiva.

Cada lugar en el que fijamos nuestra mirada durante el Reset nos permitirá acceder a determinadas frecuencias energéticas y liberar un determinado grupo de emociones. Hacerlo secuencialmente, fijando nuestra mirada en distintos puntos, nos permite liberar de forma gradual buena parte de las emociones atrapadas que llevamos a cuestas.

El proceso que se ha de seguir para realizar el Reset Emocional del Método INTEGRA es el siguiente:

Paso 1. Definir el objetivo perseguido

El primer paso del Reset es la identificación del objetivo.

A modo de ejemplo, si estás trabajando un tema en concreto, el objetivo podría ser liberar todos los bloqueos que estén relacionados con ese tema. Si lo que buscas es solucionar un tema de salud, el objetivo podría ser la liberación de todos los bloqueos que estén en el origen de dicho problema. En el caso de este libro, el objetivo será liberar los bloqueos emocionales que nos impiden desarrollar los 7 hábitos de las personas altamente efectivas.

Paso 2. Existencia y permiso

Consultar mediante el test muscular:

¿Existe algún bloqueo emocional relacionado con este objetivo?

En caso afirmativo, pregunta:

¿Puedo liberarlo ahora con un Reset emocional?

En caso afirmativo, continúa con la liberación.

En caso de obtener un no por respuesta, deberás utilizar otra técnica para realizar la liberación. En este caso, envíame un correo electrónico a la dirección bloqueos@metodointegra.com, y te enviaré indicaciones de cómo realizar la liberación.

Paso 3. Liberación

Con los ojos cerrados, fijar la mirada secuencialmente en los puntos 1 a 5, y mientras se repite mentalmente la intención durante todo el proceso, deslizar tres veces el imán[1] desde el entrecejo hasta la nuca, con cada posición de ojos.

La intención debe ser dejar marchar todos los bloqueos emocionales que interfieren en el objetivo que hayas definido.

 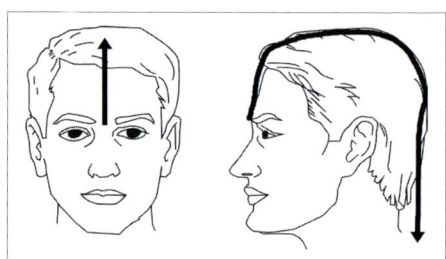

Punto 1: mirada al frente.
Punto 2: mirada arriba a la izquierda.
Punto 3: mirada arriba a la derecha.
Punto 4: mirada abajo a la izquierda.
Punto 5: mirada abajo a la derecha.

Paso 4. Verificar liberación

Verificar con el test muscular que todos los bloqueos emocionales, susceptibles de ser liberados ahora y que estaban relacionados con el objetivo, han sido liberados con éxito:

Todos los bloqueos emocionales susceptibles de ser liberados ahora han sido liberados con éxito.

---

1. Es válido cualquier imán de escasa potencia, ya sea de ferrita o neodimio, como los imanes publicitarios que acostumbramos a colocar en el frigorífico.

¡LISTOS!

En caso de obtener una respuesta no, repetir el proceso fijando la mirada en los puntos 6 a 9, mientras se mantiene la misma intención de dejar marchar todos los bloqueos emocionales y se pasa el imán tres veces en cada punto. Volver a verificar al finalizar.

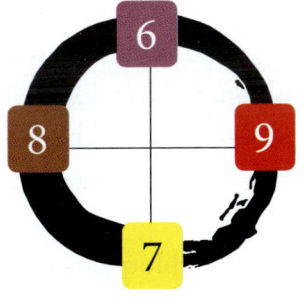

Punto 6: mirada arriba.
Punto 7: mirada abajo.
Punto 8: mirada a la izquierda.
Punto 9: mirada a la derecha.

Si se comprueba que todavía no han sido liberados, repetir el proceso del punto 3 anterior (liberación).

Con este proceso se liberarán todos los bloqueos emocionales que pueden ser liberados en este momento. Podría quedar alguno adicional que deba ser liberado posteriormente, como veremos a continuación.

Paso 5. Verificar la existencia de bloqueos adicionales

Con el test muscular, verificar si queda algún otro bloqueo emocional que deba ser liberado en otro momento:

¿Existe algún bloqueo emocional que deba ser liberado en otro momento?

En caso afirmativo, repetir el proceso al día siguiente.
Nuestro subconsciente nos guía en todo momento por el proceso más seguro para nosotros, de modo que puede

llevarnos a realizar la liberación total en una o en varias sesiones. En cualquier caso, siguiendo sus indicaciones el proceso será totalmente seguro.

***

La liberación de todas las emociones atrapadas de un Bloqueo Emocional provoca automáticamente que dicho Bloqueo quede liberado. En consecuencia, no es preciso realizar comprobaciones adicionales, aunque puedes hacerlas si lo deseas.

Los bloqueos emocionales liberados desaparecen para siempre. Eso no impide que puedan aparecer en el futuro otros bloqueos similares como consecuencia de nuestras experiencias del día a día.

Ahora que ya conoces el proceso, experimenta con él. Puedes aplicarlo de modo general, consultando si «*existe algún bloqueo emocional que pueda ser liberado ahora*». También puedes aplicarlo para buscar y liberar bloqueos que puedan estarte condicionando en determinadas circunstancias o relaciones. Por ejemplo, podrías plantear si «*existe algún bloqueo emocional en la relación con mi pareja, que pueda ser liberado ahora*».

Antes de continuar, aplica este proceso con la siguiente afirmación:

Existe algún bloqueo emocional que me impida obtener el máximo provecho de este libro, y pueda ser liberado ahora.

TRANSFORMACIÓN DE CREENCIAS

Programar creencias es muy fácil. Todos lo hacemos a diario sin ser conscientes de ello. En este apartado aprenderás a grabar creencias a nivel subconsciente del modo más rápido que conozco.

Al igual que ocurría con la técnica del Reset Emocional, la grabación, transformación, o reprogramación, de creencias no requiere buscar el origen de las creencias actuales. Tan solo es necesario definir con claridad la nueva creencia y proceder a grabarla, asegurándonos de cumplir con determinados requisitos.

Técnicas energéticas basadas en los mismos principios científicos que las que aprenderás a continuación, fueron sometidas a estudio por el neurocientífico Jeff Fannin, fundador y director ejecutivo del Centro para el Desarrollo Cognitivo de Arizona. En concreto, analizó los efectos que tenía sobre el cerebro la utilización de diferentes técnicas de sustitución de creencias (PSYCH-K), constatando que sus efectos son enormes y prácticamente inmediatos. Al aplicar una de estas técnicas, se están activando nuevas áreas del cerebro, y se generan miles de conexiones neuronales nuevas, consiguiendo que ambos hemisferios del cerebro se activen y trabajen conjuntamente en la creencia objeto de la transformación. En definitiva, se alcanza un estado de integración cerebral para la creencia trabajada. Las imágenes siguientes muestran gráficamente algunos de los resultados obtenidos por el doctor Fannin, tras analizar la actividad cerebral de millones de puntos del cerebro, antes y después de la aplicación de una de estas técnicas.

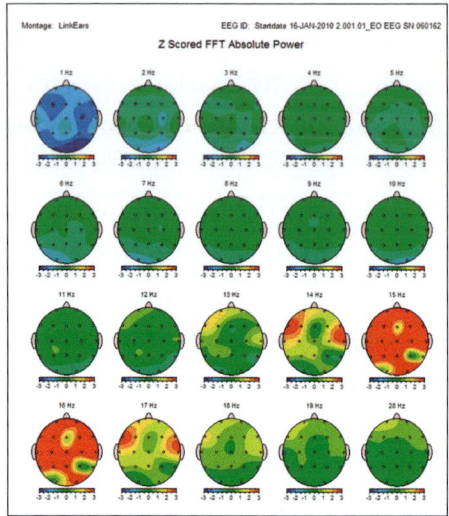
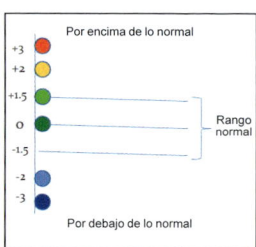

La imagen anterior revela la diferencia en la actividad cerebral en cada frecuencia, desde 1 hasta 20 Hz, rango de frecuencias en las que habitualmente se mueve el cerebro humano. Sev observa claramente el gran cambio producido en cuestión de pocos minutos (un balance de PSYCH-K se realiza en menos de diez minutos), en las frecuencias de hasta 1 Hz y en el rango de 14 a 17 Hz.

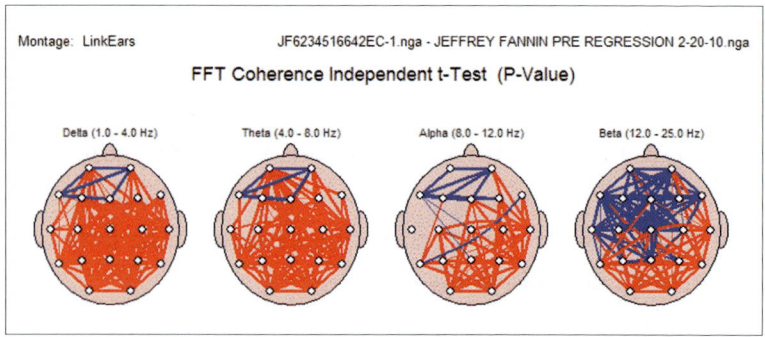

Este otro gráfico muestra las conexiones neuronales existentes en el cerebro de un voluntario antes (color rojo) y las que aparecieron después de realizar un cambio de creencia con un balance de PSYCH-K (color azul). Se observa claramente cómo en todos los niveles de frecuencias cerebrales se complementan las conexiones neuronales, añadiendo una mayor integración y participación de ambos hemisferios. Destaca especialmente el nivel Beta, donde, en este caso concreto, uno de los hemisferios estaba prácticamente inactivo inicialmente, pasando a estar totalmente activo al finalizar el proceso. Todos los estudios realizados por el doctor Fannin llegan a la misma conclusión: Las técnicas energéticas de este tipo son el camino más rápido para alcanzar la integración cerebral, y para modificar patrones de comportamiento.

PROCESO DE GRABACIÓN RÁPIDA DE CREENCIAS

Este proceso permite establecer una creencia potenciadora, eliminando de este modo la creencia limitante anteriormente existente en nuestro subconsciente.

Para realizar este proceso, sigue los siguientes pasos:

Paso 1. Calibrar sí/no

Lo primero que debes hacer es identificar claramente las respuestas sí y no que obtienes a través del test muscular. El método más simple consiste en realizar este test con la frase: «*Mi nombre es...*», diciendo en una ocasión tu nombre correcto y en otra ocasión un nombre falso. Puedes probar también con cualquier otro estímulo que hayas identificado anteriormente y que te ofrezca la posibilidad de diferenciar claramente las respuestas.

Paso 2. Somete la creencia a un test previo

Somete al test muscular la creencia potenciadora que deseas grabar en tu subconsciente. Para hacerlo repite la creencia en voz alta, y observa la respuesta de tu subconsciente.

Si obtienes un *sí*, tu subconsciente ya posee esta creencia, de modo que no debes continuar con el proceso. Si obtienes un no, continúa con el paso 3.

Paso 3. Grabar la creencia

Con los ojos cerrados, manteniendo separados los pies y las manos, repite tres veces la creencia en silencio. Con cada una de las frases, pasa un imán[2] desde el entrecejo hasta la nuca.

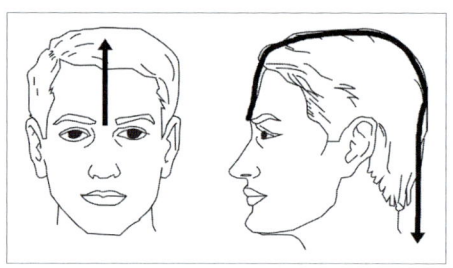

Paso 4. Confirmar la programación

Confirma por medio del test muscular que la creencia ha sido grabada correctamente. Para hacerlo, basta repetir la creencia en voz alta y observar la respuesta por medio del test muscular.

Si sale *no*, vuelve a pasar el imán tres veces mientras repites mentalmente la creencia en voz alta, y vuelve a someter

---

2. Es válido cualquier imán de escasa potencia, ya sea de ferrita o neodimio, como los imanes publicitarios que acostumbramos a colocar en el frigorífico.

al test muscular la creencia. Continúa repitiendo la creencia y pasando el imán hasta obtener una respuesta afirmativa con el test muscular.

***

Ahora que ya conoces esta técnica de grabación de creencias a nivel subconsciente, ponla en práctica con las creencias que encontrarás a continuación.

Cada creencia debe ser procesada una única vez.

Posiblemente descubras que ya tienes integradas algunas de las creencias a nivel subconsciente. En esos casos, pasa a la siguiente creencia. Si las tienes todas integradas previamente, puedes experimentar con algunas del tipo de las que aparecen en el *Anexo 1* (Creencias).

Creencias para poner en práctica la técnica de grabación

1. Estoy en el camino correcto para ser altamente efectivo.
2. Mi propio desarrollo personal es prioritario para mí.
3. Yo soy el único capaz de controlar lo que ocurre en mi interior.
4. Soy capaz de moldear mi personalidad.
5. Mi vida cambia cuando yo cambio.
6. Todo lo que pienso, siento y hago se halla bajo mi control.
7. Soy el único responsable de mis acciones.
8. Me siento seguro y competente para seguir las instrucciones de este libro paso a paso.

9. El proceso incluido en este libro me ayuda a desarrollar capacidades y hábitos que me hacen mejorar día a día.
10. Soy paciente y constante para seguir las pautas de este libro hasta el final.
11. Tengo la firme determinación de seguir las instrucciones de este libro hasta el final.

OTRAS TÉCNICAS

En este apartado aprenderás otras técnicas que utilizarás en tu proceso de desarrollo personal.

Paso cruzado

La técnica del *paso cruzado,* también llamado *cross crawl*, facilita el transporte de energía entre los hemisferios derecho e izquierdo del cerebro, lo que produce la activación conjunta o sincronización de ambos.

Cualquier establecimiento de creencias potenciadoras requiere de la participación de los dos hemisferios. En ocasiones, nuestras propias creencias limitantes, de las que podemos o no ser conscientes, mantienen bloqueado de forma parcial o total uno de los hemisferios. El paso cruzado resulta fundamental para realizar una transformación de creencias exitosa en estos casos. Esta técnica es tan fácil como andar sin avanzar, y consiste en lo siguiente:

1. De pie, levanta al mismo tiempo el brazo derecho y la pierna izquierda.
2. Al bajarlos, levanta el brazo izquierdo y la pierna derecha.

Continúa con este movimiento alternando los puntos anteriores durante, al menos, UN MINUTO. Mientras lo haces, respira profundamente, inspirando por la nariz y espirando por la boca.

En caso de tener algún impedimento para realizar este ejercicio de pie, puedes hacerlo sentado. Para ello levanta la rodilla derecha y tócala con la mano izquierda. Luego, bájalas, levanta la pierna izquierda y tócala con la mano derecha. Continúa repitiendo este movimiento al tiempo que respiras profundamente, inspirando por la nariz y espirando por la boca.

Hay muchas otras variantes que también son válidas. Las más habituales son:

- Levantando alternativamente las piernas, tocar la rodilla derecha con el codo izquierdo y la rodilla izquierda con el codo derecho.
- Levantando alternativamente las piernas, tocar la rodilla izquierda con la mano derecha y la rodilla derecha con la mano izquierda.

Puedes realizar este ejercicio siempre que lo desees para sentirte más equilibrado, pensar con más claridad, mejorar la coordinación o equilibrar las energías de tu cuerpo. En el capítulo 5 te indicaré en qué momentos y de qué modo debes llevarlo a cabo dentro del proceso de transformación de creencias.

Visualización del objetivo cumplido

La visualización del objetivo cumplido supone en sí misma un método de transformación. La utilización conjunta con el resto de las técnicas dentro del procedimiento de desarrollo ayuda a reforzar y consolidar los temas trabajados con mayor rapidez.

Tanto la visualización en sí misma como el momento concreto de realizarla son importantes.

Para efectuar correctamente esta técnica, sigue las siguientes instrucciones:

¡LISTOS!

1. Por la noche, antes de dormir, te estiras en la cama, cierras los ojos y te relajas durante unos segundos.
2. A continuación visualiza mentalmente una o varias situaciones en las que te veas a ti mismo —y te sientas— alcanzando el objetivo perseguido. Visualízate a ti mismo con los hábitos, características, capacidades o patrones de comportamiento que deseas tener.

La visualización debe incluir cuantos más detalles mejor, centrándote tanto en tus características personales como en tus actos, la respuesta de los demás, el lugar en el que te encuentras, las circunstancias en las que se desarrolla la escena, la ropa que llevas, etc.

Durante la visualización, disfruta del sentimiento que te genera ser esa persona e imagina situaciones concretas en tu nueva vida siendo de ese modo.

Si te quedas dormido mientras estás realizando la visualización, perfecto.

Formación a terceros

La formación a nivel subconsciente que realizarás en el próximo capítulo se ve reforzada cuando se realiza conjuntamente con la formación a nivel consciente. Es por ello por lo que se incluye una explicación de cada uno de los 7 hábitos antes de realizar la transformación a nivel subconsciente.

Siendo consciente de que la mejor forma de aprender algo es enseñándolo a otros, he incluido en el procedimiento para el desarrollo personal un ejercicio por medio del cual deberás explicar los conceptos básicos de cada módulo a otras personas.

Prepararse para enseñar a otros incrementa notablemente el aprendizaje. Cuando enseñamos, tendemos a demostrar con nuestro ejemplo aquello que transmitimos, y el aprendizaje más importante viene de poner en práctica aquello que aprendemos.

Además, enseñando a otros mejoramos significativamente la comunicación y nuestras relaciones.

Llevar a cabo este ejercicio te permitirá reforzar los conocimientos y los hábitos, tanto a nivel consciente como subconsciente.

Cuando leas la información de cada uno de los 7 hábitos del proceso de desarrollo, hazlo pensando que vas a tener que explicárselo a tu cónyuge, a tu hijo, a un compañero de trabajo, a un amigo... Reflexiona sobre el significado de cada frase, haz esquemas y, si lo consideras oportuno, investiga algo más sobre cada uno de los hábitos. Si lo deseas, puedes ir leyendo al mismo tiempo el libro *Los 7 hábitos de la gente altamente efectiva*, de Stephen R. Covey. Sin duda, será un refuerzo en tu proceso de aprendizaje dirigido a la mente «consciente».

Realizar la lectura del siguiente capítulo teniendo presente esta actividad te permitirá recordar mejor lo que vas leyendo, profundizar en la comprensión y desarrollar una motivación adicional.

PROCEDIMIENTO PARA EL DESARROLLO PERSONAL

> *La innovación distingue a los líderes de los seguidores.*
> STEVE JOBS

En los puntos anteriores has aprendido varias técnicas energéticas que persiguen objetivos diferenciados. Ahora te mostraré cómo debes encajarlas para obtener los mejores resultados posibles en tu proceso de desarrollo personal.

El proceso de desarrollo objeto del siguiente capítulo está diseñado para potenciar la efectividad personal y consta de siete módulos. Cada uno de ellos se corresponde con uno de los hábitos de la gente altamente efectiva y te permitirá desarrollarlo, generando los patrones de comportamiento necesarios. La suma de todos ellos te permitirá alcanzar un nivel realmente elevado de efectividad.

Dedica dos días a cada uno de los módulos, respetando las instrucciones que encontrarás a continuación. El primer día es el más importante y el que te llevará más tiempo, ya que en él realizarás el proceso de transformación interna. El segundo día de cada módulo lo dedicarás a observar cambios en ti mismo.

También te recomiendo aprovechar el segundo día de cada módulo para estructurar los conceptos del hábito recién transformado y transmitirlo a otras personas. Una vez finalizados los dos días, es recomendable realizar el ejercicio de puesta en práctica del hábito que encontrarás en el Anexo 4, «Ejercicios de puesta en práctica».

En general, los pasos principales que seguirás cada uno de los días del proceso de transformación para cada módulo son los siguientes:

Día 1. Transformación

1. *Liberación de bloqueos emocionales* que puedan afectar al desarrollo de las habilidades incluidas en el módulo (pág. 59).
2. Realización del *paso cruzado* para asegurarnos de tener ambos hemisferios activos al trabajar todas las creencias incluidas en el módulo (pág. 72).
3. Transformación de cada una de las creencias incluidas en el módulo utilizando el proceso de *grabación de creencias* (págs. 70).
4. Por la noche, antes de dormir, realiza una visualización del objetivo cumplido.

Día 2. Observación

1. Obsérvate a ti mismo, identificando pequeños o grandes cambios en tu forma de pensar, de actuar, de reaccionar, de sentir, etc., y anótalos en el Anexo 3, «Proceso de desarrollo personal».
2. Por la noche, antes de dormir, realiza una visualización del objetivo cumplido.

Si un día no puedes realizar los ejercicios, continúa al día siguiente en el punto en que te quedaste. La constancia es muy importante para el proceso. Procura que estas interrupciones, si se dan, sean algo excepcional.

A medida que vayas avanzando, irás tomando conciencia de tu transformación interior y de la importancia de seguir el proceso tal como está definido.

Es importante que respetes estos plazos y no comiences un módulo hasta finalizar correctamente

el anterior. Al tratarse de siete módulos, el proceso completo te llevará solo catorce días.

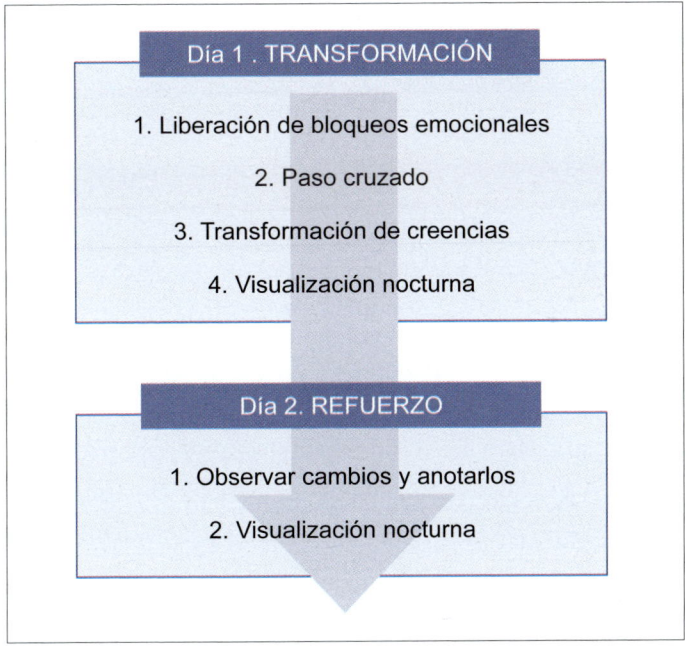

Procedimiento para el desarrollo personal

Adicionalmente, con el objeto de reforzar y consolidar los hábitos, se ha incluido el Anexo 4, «Ejercicios de puesta en práctica». Es recomendable realizar el ejercicio correspondiente a cada hábito una vez finalizados los dos días que dura el proceso de transformación de dicho hábito, ya que te ayudará a comenzar a caminar en la dirección deseada.

Sé paciente y consciente de que lo que estás a punto de comenzar es realmente un proceso de transformación interior, que te permitirá dar un salto cuantitativo y cualitativo en tus capacidades personales.

4
¡Ya!

Dentro de veinte años estarás más decepcionado por las cosas que no hiciste que por las que hiciste. Así que suelta las amarras. Navega lejos del puerto seguro. Atrapa los vientos favorables en tus velas. Explora. Sueña. Descubre.

Mark Twain

Por fin vas a poner en práctica lo aprendido en los capítulos anteriores, asumiendo la responsabilidad de tu propio desarrollo personal, e interiorizando los hábitos que te convertirán en una persona realmente efectiva.

En el capítulo anterior aprendiste a utilizar diversas técnicas que facilitan la comunicación bidireccional con tu subconsciente. En este capítulo vas a utilizar estas técnicas para alcanzar un objetivo claramente definido: *desarrollar los 7 hábitos de la gente altamente efectiva.*

Como vimos en el capítulo 2, los hábitos, o patrones de comportamiento repetitivos, tan solo pueden ser transformados si somos capaces de modificar las creencias que les dan vida. Son nuestras creencias, conjuntamente con los bloqueos emocionales que llevamos a cuestas, los responsables últimos de nuestros hábitos.

Este capítulo te guiará paso a paso por un proceso de transformación interior, mediante el cual alcanzar los máximos beneficios posibles a largo plazo, desarrollando cualidades como autoconfianza, responsabilidad, paciencia, comprensión, autoconciencia, proactividad, seguridad, imaginación, iniciativa, colaboración, etc.

Se trata de alcanzar un nivel de madurez personal que te permita resolver problemas con efectividad, maximizando las oportunidades e integrando nuevas habilidades y capacidades en una espiral de desarrollo personal sin fin.

La utilización de técnicas de transformación a nivel subconsciente, dentro de un proceso claro y definido de desarrollo personal *(formación a nivel subconsciente)*, es algo que permite alcanzar niveles insospechados de madurez en periodos de tiempo muy cortos.

El proceso debe ser natural, sin forzarlo ni marcarse objetivos extremadamente ambiciosos a corto plazo. Cada persona tiene un punto de partida distinto, y presentará su propia evolución y desarrollo, por lo que los resultados serán siempre diferentes. Evita, por lo tanto, hacer comparaciones con otras personas que conozcas que estén realizando el mismo proceso.

Lo importante es comenzar a caminar en la dirección correcta y estar atento a los avances que vayas realizando. Recuerda que cada individuo es diferente, y todo proceso de desarrollo personal en la dirección correcta es positivo.

No importa durante cuánto tiempo hayas tenido unas determinadas creencias limitantes o patrones de comportamiento que te hayan hecho cometer infinidad de errores. El momento importante es el presente, y como irás descubriendo, cualquier creencia o patrón de comportamiento puede cambiarse.

A continuación tienes los siete módulos en los que se divide este proceso: sé proactivo, empieza con el fin en mente, pon primero lo primero, piensa en ganar-ganar, busca primero entender y luego ser entendido, sinergiza y mejora continuamente. Es importante respetar el orden, así como seguir el procedimiento y los plazos establecidos, ya que todo ello ha sido diseñado para alcanzar los mejores resultados. Hacerlo correctamente te permitirá desarrollar unos hábitos basados en principios fundamentales, que con el tiempo se convertirán en la base de tu carácter.

En cada módulo encontrarás una visión general de comportamientos y valores que incorpora cada hábito, así como el conjunto de creencias que los soportan. La última parte del módulo te guiará en la aplicación del procedimiento necesario para realizar la transformación a nivel subconsciente y, de ese modo, establecer los nuevos patrones de comportamiento.

HÁBITO I. SÉ PROACTIVO

Necesito poco, y lo poco que necesito lo necesito poco.
San Francisco de Asís

Las personas tenemos unas determinadas dotes que nos sitúan por encima del resto de los animales: la *autoconciencia*, que nos permite identificarnos a nosotros mismos como individuos; la *imaginación*, que nos faculta para crear en nuestra mente, más allá de la realidad presente; la *conciencia moral*, que nos ofrece la posibilidad de identificar los principios que gobiernan nuestra conducta, así como la coherencia de nuestros pensamientos y acciones, y la *voluntad independiente*, que nos capacita para actuar sobre la base de nuestra autoconciencia.

Ejercitar y desarrollar estas dotes nos da poder para desplegar nuestro potencial humano. Entre el estímulo y la respuesta está nuestra mayor fuerza: la libertad interior de elegir.

Además de tener iniciativa, *ser proactivo* significa que somos responsables de nuestra propia vida. Nuestra conducta es el resultado de nuestras decisiones, y no de nuestras condiciones o circunstancias.

Las personas proactivas tienen la habilidad de elegir su respuesta. Su conducta es producto de su propia elección consciente, basada siempre en valores. En consecuencia, nadie puede herirlas sin su consentimiento.

Las personas reactivas, por el contrario, se ven afectadas por cualquier tipo de estímulo externo, ya sea físico, social o psicológico. Cambiar de humor o estado de ánimo en función del clima, del trato recibido de otras personas, de las críticas recibidas, del reconocimiento social o de cualquier otra circunstancia que se cruza en su camino, o simplemente en su imaginación, es habitual en los individuos reactivos.

Seamos conscientes o no, es cada uno de nosotros quien elige vivir su vida desde la felicidad o la infelicidad, desde la proactividad o la reactividad, desde la efectividad o la inefectividad... Todos tenemos la capacidad de elegir nuestra respuesta. Lo que ocurre es que habitualmente elegimos *inconscientemente* respuestas con las que no nos sentimos cómodos.

Dejando a un lado el daño físico, cuando nos sentimos heridos, no es por los sucesos que han acontecido, sino por la interpretación mental y emocional que hacemos de esos sucesos. Es nuestra propia respuesta a los acontecimientos lo que realmente nos daña.

Las personas proactivas tienen iniciativa. Son sensibles ante las necesidades de los demás, siempre están alerta y aportan soluciones congruentes con principios correctos. Se centran en las soluciones, en lugar de profundizar en los problemas.

El lenguaje utilizado por las personas reactivas deriva de un paradigma determinista, que las absuelve de cualquier responsabilidad. Es habitual escuchar frases del tipo: «Yo soy así», «No puedo...», «No tengo tiempo», «Si...», «Tengo que...», «Lo intentaré», etc. Todas ellas demuestran esa transferencia de responsabilidad hacia el exterior. Son fuerzas externas (personas, circunstancias o incluso el destino) las que tienen la responsabilidad de decidir cómo soy, cómo reacciono, las metas que alcanzo o la libertad de que dispongo. En definitiva, este tipo de lenguaje transmite el mensaje de que no soy responsable y no puedo elegir mi respuesta.

Las personas proactivas utilizan un lenguaje en el que asumen la responsabilidad y el control de la situación. Emplean frases del tipo: «Analicemos nuestras alternativas», «Puedo cambiar si me lo propongo», «Elijo...», «Prefiero...», «Lo haré», etc.

Las personas reactivas se centran en las cosas que les preocupan (círculo de preocupación), tengan o no la capacidad de influir en ellas. En cambio, las proactivas se centran exclusivamente en aquello sobre lo que tienen control o pueden hacer algo (círculo de influencia). Cuando trabajamos en nuestro círculo de preocupación, no conseguimos nada, y transferimos a lo que se halla en su interior el poder de controlarnos.

Todos cometemos errores, y debemos corregirlos y aprender de ellos. Si no lo hacemos y los mantenemos entre las cosas que nos preocupan, estaremos permitiendo que tengan un cierto poder sobre nuestras decisiones y actos futuros.

Comprometernos con nosotros mismos y con los demás y mantener esos compromisos es la base para el desarrollo de los hábitos de efectividad.

En definitiva, ser una persona proactiva es plantearse compromisos y mantenerlos, es actuar siempre como luz y no como juez, es ser parte de la solución y no del problema, es actuar con compasión, es asumir la responsabilidad, es...

Leer este libro y realizar los ejercicios incluidos requiere ya tener una cierta proactividad. Esta actuará como una semilla que, al entrar en contacto con el abono adecuado, permitirá la germinación y el crecimiento de unas raíces gruesas y profundas, que darán sustento a unos hábitos de alta efectividad.

Creencias del hábito 1.
SÉ PROACTIVO

1. *Soy el responsable de lo que pasa en mi vida.*
2. *Tengo la capacidad de elegir mis respuestas ante las circunstancias externas.*
3. *Creo que los hechos carecen de significado al margen de la interpretación que yo les doy.*

4. *Actúo siempre en función de mis propias convicciones aunque sea impopular.*
5. *Creo que en cada momento hay alternativas y yo las visualizo.*
6. *Siempre veo el lado positivo en cualquier situación.*
7. *Soy valiente y prudente para tomar decisiones.*
8. *Confío en mi capacidad de tomar decisiones y asumo la responsabilidad de mis resultados.*
9. *Soy íntegro conmigo mismo y con los demás.*
10. *Utilizo siempre un lenguaje proactivo.*
11. *Siento que el conocimiento, la capacidad y el deseo están dentro de mi control.*
12. *Me centro en las cosas sobre las que puedo hacer algo, y amplío mi círculo de influencia.*
13. *Siento que los errores del pasado son historia y me ayudan a ser mejor.*
14. *Admito y corrijo inmediatamente mis errores y aprendo de ellos.*
15. *Estoy tranquilo, confiado y lleno de energía en todos los ámbitos de mi vida.*
16. *Decido construir sobre las debilidades de los demás como oportunidades de colaboración.*
17. *Espero lo mejor del futuro y trabajo para lograrlo.*
18. *Soy constante en todo lo que me propongo.*
19. *Finalizo lo que empiezo a pesar de los obstáculos.*
20. *Vivo con pasión, entusiasmo, vigor y energía.*

❖❖❖

Para llevar a cabo el proceso de desarrollo personal de este módulo, sigue las siguientes instrucciones:

Día 1. Transformación

1. Aplica la técnica de *liberación de bloqueos emocionales* (pág. 59), realizando la siguiente consulta en el paso «obtener permiso»:

    Existe un bloqueo emocional que me impide ser proactivo y que puedo liberar ahora.

2. Realiza el *paso cruzado* (pág. 72) durante un minuto, mientras te repites mentalmente:

    Activo todo mi cerebro para ser una persona proactiva.

3. Procesa todas y cada una de las creencias incluidas en la lista anterior utilizando el proceso de *grabación de creencias* del capítulo anterior (pág. 70).
   Es muy probable que ya tengas previamente interiorizada alguna de las creencias de la lista. Si es así, continúa con la siguiente.
   Una circunstancia que se da frecuentemente es que al transformar una creencia, automáticamente se transformen otras creencias del mismo grupo. Es por ello que debes aplicar el proceso para cada creencia, en el orden establecido.

4. Por la noche, antes de dormir, realiza una visualización del objetivo cumplido.
   Tumbado en la cama, cierra los ojos y relájate. A continuación visualiza mentalmente una situación en la que te veas a ti mismo, o te sientas

una persona proactiva, positiva, íntegra, responsable de su destino y que elige sus respuestas ante cada circunstancia externa.

Durante la visualización, disfruta del sentimiento que te genera ser esa persona e imagina situaciones concretas en tu nueva vida siendo de ese modo. Si te quedas dormido mientras estás realizando la visualización, perfecto.

Día 2. Observación

1. Toma conciencia de ti mismo y obsérvate. Identifica los pequeños o grandes cambios que se producen en tu forma de pensar, de actuar, de reaccionar, de sentir, etc., y anótalos en el Anexo 3, «Proceso de desarrollo personal». Si te resulta difícil identificar cambios, no te preocupes. Que no los percibas no significa que no se produzcan. En ocasiones, los perciben antes los demás que nosotros mismos.

2. Por la noche, antes de dormir, realiza la misma visualización que el día 1.

Al día siguiente pasa al módulo correspondiente al segundo hábito, *empieza con el fin en mente*.

Asimismo, cuando lo desees, procede a realizar el ejercicio de puesta en práctica del hábito 1, *sé proactivo*, incluido en el Anexo 4, «Ejercicios de puesta en práctica».

APUNTA ALTO

HÁBITO 2. EMPIEZA CON EL FIN EN MENTE

> *Viktor Frankl calculó que solo uno de cada veintiocho prisioneros lograba sobrevivir a los horrores del campo de concentración. Estudió el porqué y advirtió que los supervivientes tenían una razón para seguir adelante, una meta. En el caso de Frankl, era volver a ver el rostro de su esposa.*

Empezar con el fin en mente significa realizar cualquier acto con una clara comprensión del objetivo. Significa saber adónde se está yendo, de modo que podamos comprender mejor dónde nos encontramos y la dirección en la que debemos caminar.

Lamentablemente son muchas las personas atrapadas en el día a día de un sistema que nos lleva a trabajar cada vez más para alcanzar mayores niveles de éxito social, y de riquezas materiales. Se trata de objetivos definidos por terceros y que a menudo ni siquiera nos planteamos si queremos que sean los nuestros.

Por lo general, vivimos de forma reactiva según los guiones que han puesto en nuestras manos la familia, los compañeros de trabajo, los educadores, etc., a través de nuestras creencias. Estos guiones provienen de personas —no de principios—, acostumbran a sostenerse en nuestras debilidades y nos restan poder personal.

Disfrutar de una vida plena depende de saber lo que realmente es importante para nosotros y de actuar de forma coherente con ese conocimiento. Podemos estar muy ocupados en nuestro día a día y ser muy eficientes, pero solo seremos realmente efectivos cuando hagamos las cosas con un fin en mente.

El hábito *empieza con el fin en mente* se basa en el principio de que todo se crea dos veces. Existe una primera creación mental, que antecede a la creación física. Antes de construir algo, debemos imaginarlo y diseñarlo. Este es el modo de alcanzar de forma óptima el resultado deseado. Tanto el tiempo como el resto de nuestros recursos son limitados, y debemos gestionarlos del mejor modo posible, si queremos ser realmente efectivos.

Asumir la responsabilidad de la primera creación es algo imprescindible para disfrutar de una vida de efectividad. No hacerlo implica que alguien lo hará por nosotros, llevándonos a vivir de forma reactiva.

El liderazgo consiste en asumir esta primera creación, en identificar cuáles son los pilares en los que apoyar la escalera hacia el éxito. Por su parte, la administración consiste en ejecutar de forma eficiente las tareas para alcanzar el objetivo marcado desde el liderazgo o, lo que es lo mismo, en ser eficiente a la hora de ascender por la escalera hacia el éxito. Siempre debe primar el liderazgo sobre la administración. De nada sirve ser muy eficiente si se va en la dirección equivocada.

En la actualidad estamos inmersos en un cambio de ciclo, en una mutación del sistema económico y social. Es ahora, por tanto, más que nunca, cuando se hacen realmente imprescindibles nuestras capacidades de liderazgo, tanto a nivel profesional como social y familiar.

Actuar exclusivamente desde el control, la eficiencia y las reglas supone dejar a un lado el liderazgo, olvidar el propósito y prescindir de nuestros valores.

Cuanto más conscientes somos de nosotros mismos, más descubrimos pautas de comportamiento indignas de nosotros, totalmente inefectivas y absolutamente incongruentes con lo que de verdad valoramos en la vida. *Empieza con el fin en mente* es un hábito que permite reorientar estas pautas de comportamiento. Nos lleva a utilizar nuestra imaginación y creatividad para escribir un guión diferente, congruente con nuestros valores más profundos.

Empieza con el fin en mente significa enfocar mi rol en cada uno de los ámbitos de mi vida, teniendo claros mis valores y propósitos. Mi rol como padre, hijo, cónyuge, profesional, amigo, etc., debe estar orientado por mis valores más profundos y los principios correctos.

Los principios correctos no reaccionan ante nada. Su validez no depende ni de la conducta de otros, ni del ambiente, ni de la moda del día. Se trata de verdades profundas y fundamentales.

Vivir con unas creencias basadas en principios intemporales constantes nos hace ver la vida de forma distinta. El poder personal que surge de la vida centrada en principios es el poder de un individuo autoconsciente, inteligente, proactivo, no limitado por las actitudes, conductas y acciones de los demás, ni por las circunstancias e influencias ambientales.

Evidentemente, tener identificada la misión, filosofía o credo personal, así como los valores o principios más importantes, es un prerrequisito para desarrollar con éxito este segundo hábito. Las personas no podemos vivir en el cambio si en nuestro interior no mantenemos un núcleo invariable. Es por ello por lo que el proceso de desarrollo de este hábito incluye un ejercicio que te permitirá definir ese núcleo.

El liderazgo personal es un proceso que consiste en mantener en mente la propia visión y valores, organizando la vida para que sea congruente con lo que realmente importa.

Por norma general, formamos parte de diferentes grupos, entre los que destacan la familia y la empresa. En estos casos, la elaboración conjunta de la misión del grupo, reflejando el modo de ver y los valores compartidos y profundos de todos los miembros, crea una gran unidad y un enorme compromiso. Una misión creada desde la participación reduce la necesidad de control e incluso de dirección.

Recuerda que todo lo que hacemos está guiado por una visión y unos objetivos, esa primera creación de la que hablé anteriormente. Si no hemos sido nosotros quienes han marcado esos objetivos, sin duda lo habrán hecho otros.

Una vida inútil equivale a una muerte prematura.
GOETHE

Creencias del hábito 2.
EMPIEZA CON EL FIN EN MENTE

1. *Soy una persona íntegra y me reconozco a mí mismo en todo lo que hago.*
2. *Me valoro a mí mismo.*
3. *Tengo claro lo que quiero y lo que busco en la vida.*
4. *Tengo claridad mental para discernir entre lo que está bien y lo que está mal.*

5. *Tengo claridad mental para saber lo que más me interesa a mí, a mi familia y a mi empresa.*
6. *Decido hacer siempre las cosas correctas.*
7. *Antepongo el rol de líder al de administrador.*
8. *Respondo siempre con sabiduría, amor, firmeza y autocontrol.*
9. *Depende exclusivamente de mí y de mi equipo alcanzar cualquier meta.*
10. *Identifico mi propósito en la vida.*
11. *Confío en mis habilidades para lograr todo lo que me propongo.*
12. *Permanezco fiel a mi visión personal aun cuando los demás ven las cosas de manera diferente.*
13. *Consigo todo lo que me propongo.*
14. *Soy creativo, y uso la razón y la pasión para ver las cosas desde perspectivas diferentes.*
15. *Permanezco fiel a mis prioridades.*
16. *Disfruto del proceso creativo.*
17. *Me siento cómodo con mis fortalezas y debilidades como líder.*
18. *Me mantengo centrado en la tarea que realizo en cada momento.*

❖❖❖

Para llevar a cabo el proceso de desarrollo personal de este módulo, sigue las siguientes instrucciones:

Día 1. Transformación

1. Aplica la técnica de *Liberación de bloqueos emocionales* (pág. 59), realizando la siguiente consulta en el paso «obtener permiso»:

Existe un bloqueo emocional que me impide desarrollar el hábito de empezar con el fin en mente, y que puedo liberar ahora.

2. Realiza el *paso cruzado* (pág. 72) durante un minuto, mientras te repites mentalmente:

   Activo todo mi cerebro para desarrollar el hábito «empieza con el fin en mente».

3. Procesa todas y cada una de las creencias incluidas en la lista anterior utilizando el proceso de *grabación de creencias* (pág. 70).
4. Por la noche, antes de dormir, realiza una visualización del objetivo cumplido.
   Tumbado en la cama, cierra los ojos y relájate. A continuación visualiza mentalmente una situación en la que te veas a ti mismo, o te sientas

   una persona íntegra, que se valora y confía en sus habilidades, creativa, que tiene claro lo que quiere y que consigue todo aquello que se propone.

   Durante la visualización, disfruta del sentimiento que te genera ser esa persona e imagina situaciones concretas en tu nueva vida siendo de ese modo. Si te quedas dormido mientras estás realizando la visualización, perfecto.

Día 2. Observación

1. Toma conciencia de ti mismo y obsérvate. Identifica los pequeños o grandes cambios que se producen en tu forma

de pensar, de actuar, de reaccionar, de sentir, etc., y anótalos en el Anexo 3, «Proceso de desarrollo personal».
Si te resulta difícil identificar cambios, no te preocupes. Que no los percibas no significa que no se produzcan. En ocasiones, los perciben antes los demás que nosotros mismos.
2. Por la noche, antes de dormir, realiza la misma visualización que el día 1.

Al día siguiente pasa al módulo correspondiente al tercer hábito: *pon primero lo primero*.

Asimismo, cuando lo desees, procede a realizar el ejercicio de puesta en práctica del hábito 2, *identificación de la misión personal*, incluido en el Anexo 4.

HÁBITO 3. PON PRIMERO LO PRIMERO

> *Lo que importa más nunca debe estar a merced de lo que importa menos.*
> GOETHE

Si el segundo hábito buscaba la creación mental, este tercer hábito persigue la creación física, a partir del desarrollo de la capacidad de tomar decisiones, elegir y actuar en consecuencia. Se basa, por tanto, en la integridad personal, en nuestra capacidad para comprometernos y mantener los compromisos con nosotros mismos, en hacer lo que decimos.

Poner primero lo primero es administrar de forma efectiva, para alcanzar los objetivos definidos a través de nuestro liderazgo personal. Consiste en organizar y ejecutar según prioridades, en armonía con nuestros valores.

Son dos los factores que definen cualquier tarea: *urgencia* e *importancia*. Las tareas *urgentes* requieren una acción inmediata y nos presionan para priorizarlas por delante de cualquier otra tarea. La *importancia* tiene que ver con los resultados, con alinearnos con nuestra misión, nuestros valores y nuestras metas.

La forma de tratar los asuntos urgentes es reactiva. Reaccionamos cuando se presentan. En cambio, los temas importantes que no son urgentes requieren iniciativa y proactividad (hábito 1), así como tener clara la visión del objetivo (hábito 2).

De la combinación de estos dos factores, urgencia e importancia, se obtiene la siguiente matriz:

	Urgente	No urgente
Importante	**I** • Crisis • Problemas apremiantes • Proyectos cuyas fechas vencen	**II** • Prevención • Construir relaciones productivas • Reconocer nuevas oportunidades • Planificar • Incremento de la capacidad para generar resultados
No importante	**III** • Interrupciones, algunas llamadas • Correos, chat, ciertos informes • Determinadas reuniones • Cuestiones inmediatas, acuciantes • Actividades populares	**IV** • Trivialidades, ajetreo inútil • Algunas cartas, correos y llamadas • Pérdida de tiempo • Actividades agradables

El cuadrante I incluye las tareas urgentes e importantes, habitualmente crisis y problemas, que reclaman atención inmediata. Aquellos que desarrollan su vida en este cuadrante son administradores de crisis, solucionadores de problemas o personas que apuran al máximo los plazos. Si no lo controlamos, este cuadrante nos acaba dominando, y nos conduce a vivir en un estado de estrés y agotamiento continuo.

El cuadrante III, tareas urgentes pero no importantes, acostumbra a ser confundido con el I y lleva a la gente a moverse de forma reactiva ante los acontecimientos y las prioridades de los demás. Actuar principalmente en este cuadrante lleva a concentrarse en el corto plazo, a sentirse impotente, fuera de control, a tener relaciones frágiles y a considerar que las metas y las planificaciones no sirven de nada.

Dedicar el tiempo de forma casi exclusiva a los cuadrantes III y IV lleva a tener una vida de total irresponsabilidad, gobernada por otros y abocada continuamente al fracaso.

Las personas efectivas permanecen fuera de los cuadrantes III y IV, ya que no son importantes, y reducen al máximo el cuadrante I. Se centran en las soluciones, y no en los problemas. Es en el cuadrante II donde se halla el núcleo básico de la administración personal efectiva. Se trata de centrarse en las tareas que no son urgentes, pero sí importantes. Hacerlo de este modo demuestra tener visión, perspectiva, equilibrio, disciplina, control, etc.

Trabajar en el cuadrante II significa ser proactivo, mientras que hacerlo en los cuadrantes I y III (cosas urgentes) significa ser reactivo. Si queremos pasar a centrarnos en el cuadrante II, debemos aprender a decir «no» a otras actividades, básicamente de los cuadrantes III y IV (cosas no importantes). Asimismo, cuanto más nos centremos en el cuadrante II, más se irá reduciendo el I.

Ten presente que siempre estamos diciendo «no» a algo. Es nuestra responsabilidad hacerlo de forma consciente, sin posponer lo realmente importante o renunciar a ello, en especial cuando no es urgente.

Focalizarse en el cuadrante II consiste en organizar nuestra vida con efectividad, centrados en principios y valores sólidos, desde el conocimiento de nuestra misión personal, concentrándonos en lo importante y en lo urgente. Es cuando nos enfocamos en factores externos a nosotros mismos (pareja, dinero, amigos, trabajo, etc.) cuando volvemos a caer continuamente en los cuadrantes I y III.

Centrarse en el cuadrante II requiere:

- *Coherencia,* para buscar el equilibrio entre la misión, los objetivos, los diferentes roles, las prioridades, los deseos, la disciplina, etc.
- *Equilibrio,* para no descuidar áreas importantes como la salud, la familia, la formación, el desarrollo personal, etc.
- *Dimensión humana*, para priorizar correctamente según las personas, que son la base de la efectividad duradera.
- *Flexibilidad,* para corregir y adaptarse en todo momento, redefiniendo prioridades si es necesario.

Delegar en otras personas de forma efectiva es el camino que nos permitirá liberarnos de las tareas no importantes. Es, por tanto, la clave de la administración efectiva.

La delegación efectiva se centra en los resultados y no en los métodos para alcanzarlos. Permite a las personas elegir sus métodos y las hace responsables de los resultados.

El grado de madurez de aquel en quien se delega comporta realizar el proceso de delegación de forma ligeramente distinta. Con personas inmaduras nos dedicaremos más tiempo a la capacitación, orientación y seguimiento, y nos enfocaremos menos en los resultados deseados. Con personas altamente maduras nos centraremos básicamente en los resultados deseados, dejando total libertad en el proceso y los métodos empleados para alcanzarlos.

Hay muchos cursos y libros que ofrecen técnicas prácticas para mejorar en la administración y gestión del tiempo. Uno de esos libros, que resulta ameno y fácil de leer, y que incluye consejos prácticos, es *El tiempo en tus manos*, de Félix Torán.

Creencias del hábito 3.
PON PRIMERO LO PRIMERO

1. *Organizo y priorizo mis tareas según su importancia y urgencia.*
2. *Me mantengo centrado en las tareas importantes.*
3. *Concibo mi agenda como una herramienta clave para ordenar y priorizar las cosas importantes.*
4. *Prefiero decir no a lo no importante, aunque sea urgente, que a lo importante no urgente.*
5. *Estoy seguro de que cuanto mayor es un problema, mayor es la oportunidad.*
6. *Soy coherente con mis valores en todo momento.*
7. *Soy honesto conmigo mismo y con los demás.*

8. *Confío en mí mismo y en los demás.*
9. *Para mí es importante la salud, la familia y mi desarrollo personal y profesional.*
10. *Delego en función de la madurez de la persona, generando un compromiso mutuo.*
11. *Delego de forma efectiva, ya que me hace más fuerte.*
12. *Mi capacidad para lograr mis metas aumenta al compartir el poder con los demás.*
13. *Trabajo de una manera constante, relajada y centrada.*
14. *Tengo capacidad y conocimientos para establecer prioridades y organizar mis tareas basándome en ellas.*
15. *Priorizo mi tiempo con naturalidad y eficacia.*
16. *Creo que el buen funcionamiento de la empresa beneficia a todos los que formamos parte de ella.*
17. *Establezco y conservo relaciones interpersonales significativas.*
18. *Termino las relaciones que impiden mi crecimiento personal.*
19. *Tengo la disciplina necesaria para mantener mis prioridades en todo momento.*
20. *Me siento orgulloso por el trabajo que hago y por quien soy.*

❖❖❖

Para llevar a cabo el proceso de desarrollo personal de este módulo, sigue las siguientes instrucciones:

Día 1. Transformación

1. Aplica la técnica de *Liberación de bloqueos emocionales* (pág. 59), realizando la siguiente consulta en el paso «obtener permiso»:

Existe un bloqueo emocional que me impide priorizar las tareas según su importancia.

2. Realiza el *paso cruzado* (pág. 72) durante un minuto, mientras te repites mentalmente:

   Activo todo mi cerebro para desarrollar el hábito «pon primero lo primero».

3. Procesa todas y cada una de las creencias incluidas en la lista anterior utilizando el proceso de *grabación de creencias* (pág. 70).
4. Por la noche, antes de dormir, realiza una visualización del objetivo cumplido.
   Tumbado en la cama, cierra los ojos y relájate. A continuación visualiza mentalmente una situación en la que te veas a ti mismo, o te sientas

   una persona que sabe organizar, priorizar y delegar, que sabe decir no, siempre centrada en las tareas importantes, coherente con sus valores en todo momento, que confía en sí misma y en los demás, y se siente orgullosa del trabajo que hace.

Durante la visualización, disfruta del sentimiento que te genera ser esa persona e imagina situaciones concretas en tu nueva vida siendo de ese modo. Si te quedas dormido mientras estás realizando la visualización, perfecto.

Día 2. Observación

1. Toma conciencia de ti mismo y obsérvate. Identifica los pequeños o grandes cambios que se producen en tu forma de pensar, de actuar, de reaccionar, de sentir, etc., y anótalos en el Anexo 3, «Proceso de desarrollo personal».
2. Por la noche, antes de dormir, realiza la misma visualización que el día 1.

Al día siguiente pasa al módulo correspondiente al cuarto hábito, *Piensa en ganar-ganar.*

Asimismo, cuando lo desees, procede a realizar el ejercicio de puesta en práctica del hábito 3, *Prioridades en mi vida*, incluido en el Anexo 5.

¡Muchas Felicidades!

Con los tres hábitos trabajados hasta este momento, has desarrollado capacidades y habilidades de autoliderazgo personal. A partir de mañana desarrollarás el liderazgo interpersonal.

HÁBITO 4. PIENSA EN GANAR-GANAR

No hay que apagar la luz del otro para lograr que brille la nuestra.
GANDHI

Pensar en ganar-ganar es el hábito del liderazgo interpersonal efectivo. Se trata de una filosofía total de interacción humana, que comporta aprendizaje recíproco, influencia mutua y beneficios compartidos.

Ganar-ganar significa que los acuerdos son mutuamente satisfactorios, que todas las partes se sienten bien por la decisión que se toma, que todas las partes tienen éxito.

A largo plazo, si no ganamos los dos, ambos perdemos. Las alternativas gano-pierdes y pierdo-ganas son posiciones débiles, basadas en inseguridades personales, que pueden producir resultados interesantes a corto plazo pero que no son sostenibles a la larga.

Una negociación entre dos personas del tipo gano-pierdes está abocada a un resultado pierdo-pierdes. Asimismo, las personas altamente dependientes y sin dirección interior en momentos de desdicha acostumbran a utilizar también la filosofía pierdo-pierdes, buscando que el mal de otros compense el suyo propio.

Este hábito se basa en hacer que lo importante para la otra persona sea tan importante para uno como la persona misma, y requiere de visión, iniciativa y seguridad.

Afrontar una negociación desde una perspectiva ganar-ganar consiste en separar persona y problema, en centrarse en los intereses u objetivos reales de cada parte, y no en los planteamientos, en ponerse en el lugar del otro, en ser creativo ideando opciones para la ganancia mutua, en buscar criterios objetivos que ambas partes puedan compartir, etc.

Aquellos que tienen desarrollado el hábito *piensa en ganar-ganar* presentan algunos rasgos que los caracterizan:

INTEGRIDAD PERSONAL, que les permite identificar claramente sus objetivos y perseguirlos actuando en armonía con sus valores más íntimos.

Madurez, como la capacidad para expresar los propios sentimientos y convicciones combinada con el respeto por los pensamientos y sentimientos de los demás. Es el equilibrio entre el coraje y el respeto.

Mentalidad de abundancia, que emana del sentimiento interior de seguridad y valía personal, y del paradigma de que en el mundo hay mucho para todos. Este tipo de mentalidad conduce a compartir el prestigio, el reconocimiento y la toma de decisiones.

Los planteamientos ganar-ganar pueden ser aplicados prácticamente en cualquier ámbito, aunque resultan especialmente importantes en la empresa y la familia.

En el ámbito de la empresa, la *coherencia* es tremendamente importante. Disponer de sistemas de incentivos alineados con la misión y los valores de empresa, con recompensas coherentes con las metas y objetivos perseguidos, resulta fundamental para alcanzar resultados ganar-ganar. No hacerlo de este modo lleva a situaciones en las que se habla de cooperación mientras se incentiva la competencia, se habla de satisfacción del cliente mientras se mide y se retribuye según la productividad, etc. El espíritu de ganar-ganar no sobrevivirá en un ambiente de competencia, confrontación o de falta de coherencia.

Un libro altamente recomendable para desarrollar técnicas con las que alcanzar acuerdos ganar-ganar, es *Obtenga el sí*, de Roger Fisher, William Ury y Bruce Patton.

APUNTA ALTO

Creencias del hábito 4.
PIENSA EN GANAR-GANAR

1. Creo que el objetivo de toda negociación es un acuerdo ganar-ganar, donde todos tenemos éxito.
2. Genero credibilidad para el futuro por medio de acuerdos ganar-ganar.
3. Veo también la situación desde la perspectiva del otro.
4. Identifico los aspectos y preocupaciones clave en cualquier negociación.
5. Identifico los resultados que considero una solución aceptable ante cualquier negociación.
6. Me resulta fácil identificar nuevas opciones que permitan alcanzar resultados aceptables.
7. Soy una persona equilibrada, con mentalidad de abundancia ilimitada.
8. Expreso mis sentimientos y convicciones con respeto por los sentimientos y pensamientos de los demás.
9. Separo persona y problema.
10. Afronto los problemas de forma flexible y creativa.
11. Concibo los problemas como oportunidades de cambio y crecimiento personal.
12. Soy digno de cortesía y respeto.
13. Soy justo y ecuánime con los demás.
14. Expreso mi agradecimiento a los demás.
15. Siempre creo situaciones ganar-ganar cuando me relaciono con clientes y proveedores.
16. Me siento tranquilo y relajado cuando ofrezco los servicios o productos de mi empresa.
17. Me siento realizado como persona en el ámbito de la empresa.

18. *Soy una persona íntegra, lo que me permite tener éxito y alcanzar acuerdos ganar-ganar.*
19. *Vivo la vida como un escenario cooperativo de abundancia ilimitada.*

❖❖❖

Para llevar a cabo el proceso de desarrollo personal de este módulo, sigue las siguientes instrucciones:

Día 1. Transformación

1. Aplica la técnica de *Liberación de bloqueos emocionales* (pág. 59), realizando la siguiente consulta en el paso «obtener permiso»:

   Existe un bloqueo emocional que me impide buscar siempre soluciones ganar-ganar.

2. Realiza el *paso cruzado* (pág. 72) durante un minuto, mientras te repites mentalmente:

   Activo todo mi cerebro para buscar siempre soluciones ganar-ganar.

3. Procesa todas y cada una de las creencias incluidas en la lista anterior utilizando el proceso de *grabación de creencias* (pág. 70).
4. Por la noche, antes de dormir, realiza una visualización del objetivo cumplido.

Tumbado en la cama, cierra los ojos y relájate. A continuación visualiza mentalmente una situación en la que te veas a ti mismo, o te sientas

> una persona justa, ecuánime, íntegra, digna de confianza y respeto, cuyo objetivo en toda negociación es alcanzar acuerdos en los que ambas partes ganen.

Durante la visualización, disfruta del sentimiento que te genera ser esa persona e imagina situaciones concretas en tu nueva vida siendo de ese modo. Si te quedas dormido mientras estás realizando la visualización, perfecto.

Día 2. Observación

1. Toma conciencia de ti mismo y obsérvate. Identifica los pequeños o grandes cambios que se producen en tu forma de pensar, de actuar, de reaccionar, de sentir, etc., y anótalos en el Anexo 3, «Proceso de desarrollo personal».
2. Por la noche, antes de dormir, realiza la misma visualización que el día 1.

Al día siguiente pasa al módulo correspondiente al quinto hábito, *Busca primero entender y luego ser entendido*.

Asimismo, cuando lo desees, procede a realizar el ejercicio de puesta en práctica del hábito 4, *Aprende de quien practica el hábito ganar-ganar*, incluido en el Anexo 4.

HÁBITO 5. BUSCA PRIMERO ENTENDER Y LUEGO SER ENTENDIDO

> *Lo importante no es escuchar lo que se dice, sino averiguar lo que se piensa.*
> Juan Donoso Cortés

Comprender de forma profunda y real lo que nos están comunicando es la clave de la comunicación interpersonal efectiva. Escuchar con empatía genera apertura y confianza en los demás.

Escuchar con la intención de comprender, y no buscando únicamente contestar, permite entrar en el marco de referencia de la otra persona y comprender sus sentimientos, valores y objetivos más profundos.

Escuchar con empatía no consiste en estar de acuerdo, sino en comprender profundamente a la otra persona, tanto a nivel emocional como intelectual. Además, cuanto más profundamente comprendemos a los demás, más los apreciamos y más respeto tenemos por ellos.

Los médicos deben comprender lo que le ocurre al paciente antes de diagnosticar y recetar. Los arquitectos deben comprender lo que quiere el cliente antes de diseñar los planos. Los directivos deben comprender la misión y los objetivos de la empresa antes de analizar la situación y tomar decisiones. Los abogados deben comprender los hechos, las leyes y los antecedentes jurídicos antes de preparar la defensa. Los profesores deben comprender lo que se espera que sus alumnos aprendan, así como la situación real de estos, antes de decidir la metodología y el contenido que van a enseñar. Los vendedores deben comprender cuáles son las necesidades del cliente, y a partir de ahí venderle soluciones a esas necesidades o problemas... Podríamos seguir así con cualquier profesión o puesto de trabajo, pero también en cualquier otro ámbito de la vida, especialmente cuando existen relaciones interpersonales.

La clave de un juicio correcto es la comprensión. Si se empieza por juzgar, nunca se podrá comprender.

La escucha empática lleva tiempo, pero permite ahorrar mucho más en el futuro. Se trata de una inversión cuyos frutos son enormes.

Procurar primero entender supone anticiparse a los problemas, evaluar y prescribir desde el conocimiento. Además, abre la puerta a comunicarse de forma efectiva.

Saber ser comprendido es la otra mitad de este hábito. De nada sirve entender, si no somos capaces de hacernos entender posteriormente. Comprender requiere empatía y consideración; procurar que nos comprendan, coraje y determinación.

Debemos ejercitar la escucha empática cada vez que nos comuniquemos con alguien, intentando entender lo que les preocupa y ocupa, y demostrando comprensión y respeto. Ya sea con nuestros hijos, pareja, jefes, compañeros o amigos, hemos de poner en práctica la escucha empática, ya que el tiempo invertido en comprender profundamente a estas personas producirá enormes dividendos en el futuro.

También debemos disculparnos sinceramente cuando cometemos errores. Se necesita mucha fuerza de carácter para disculparse con rapidez y de corazón, se necesita tener una seguridad profunda en los principios y valores fundamentales. Las personas inseguras no pueden disculparse, ya que hacerlo las hace sentir vulnerables y débiles. Su seguridad se basa en las opiniones de los demás, y les preocupa lo que puedan pensar.

Creencias del hábito 5.
BUSCA PRIMERO ENTENDER Y LUEGO SER ENTENDIDO

1. *Escucho con empatía, con la intención de entender.*
2. *Dejo expresar su mensaje a los demás antes de dar mi opinión.*
3. *Comprendo a los demás antes de influir en ellos.*
4. *Primero me centro en comprender las necesidades, preocupaciones y situación de la otra parte.*
5. *Siempre entiendo la situación antes de tomar una decisión.*
6. *Recomiendo soluciones en lugar de profundizar en los problemas.*
7. *Estoy dispuesto a admitirlo cuando me equivoco.*
8. *Expreso mis opiniones con naturalidad, confianza y claridad.*
9. *Considero importante lo que tengo que decir y lo digo con la expectativa clara de que voy a ser escuchado.*
10. *Me comunico de forma honesta, auténtica y respetuosa con los demás.*
11. *Soy amable, generoso y compasivo con los demás.*
12. *Soy consciente de los motivos y sentimientos de los demás y de mí mismo.*
13. *Me relaciono con todas las personas, empleados, clientes y proveedores, de forma coherente con los valores y misión de la empresa.*
14. *Me expreso con valentía y consideración.*

❖❖❖

Para llevar a cabo el proceso de desarrollo personal de este módulo, sigue las siguientes instrucciones:

Día 1. Transformación

1. Aplica la técnica de *Liberación de bloqueos emocionales* (pág. 59), realizando la siguiente consulta en el paso «obtener permiso»:

   Existe un bloqueo emocional que me impide centrarme en comprender a los demás en primer lugar.

2. Realiza el *paso cruzado* (pág. 72) durante un minuto, mientras te repites mentalmente:

   Activo todo mi cerebro para entender primero a los demás antes de hacer que comprendan mi posición.

3. Procesa todas y cada una de las creencias incluidas en la lista anterior utilizando el proceso de *grabación de creencias* (pág. 70).
4. Por la noche, antes de dormir, realiza una visualización del objetivo cumplido.
   Tumbado en la cama, cierra los ojos y relájate. A continuación visualiza mentalmente una situación en la que te veas a ti mismo, o te sientas

   una persona que deja expresarse a los demás, que escucha con empatía, con la intención de entender, que antes de tomar una decisión entiende la situación y que admite sus errores.

Durante la visualización, disfruta del sentimiento que te genera ser esa persona e imagina situaciones concretas en tu nueva vida siendo de ese modo. Si te quedas dormido mientras estás realizando la visualización, perfecto.

Día 2. Observación

1. Toma conciencia de ti mismo y obsérvate. Identifica los pequeños o grandes cambios que se producen en tu forma de pensar, de actuar, de reaccionar, de sentir, etc., y anótalos en el Anexo 3, «Proceso de desarrollo personal».
2. Por la noche, antes de dormir, realiza la misma visualización que el día 1.

Al día siguiente pasa al módulo correspondiente al sexto hábito, *sinergiza*.

Asimismo, cuando lo desees, procede a realizar el ejercicio de puesta en práctica del hábito 5, *practica la escucha empática*, incluido en el Anexo 4.

HÁBITO 6. SINERGIZA

> *En los momentos de crisis, solo la imaginación es más importante que el conocimiento.*
> ALBERT EINSTEIN

La sinergia es la manifestación coordinada de todos los hábitos anteriores, el alma del liderazgo transformador.

La esencia de la sinergia consiste en valorar las diferencias, respetarlas, compensar las debilidades y construir sobre las fortalezas. El todo es más que la suma de las partes.

Sinergizar supone abrirse y comunicarse de forma efectiva, generando un nivel de creatividad ilimitado.

La sinergia requiere niveles de confianza y cooperación elevados. Las soluciones alcanzadas cuando la confianza y la cooperación son elevadas, son mejores que en cualquier otra situación.

Los seres humanos vemos el mundo no como es, sino como somos nosotros mismos. Nuestras creencias actúan como lentes que distorsionan la realidad. Cuanto más distintas sean esas visiones, cuanto más diferencias tengamos entre nosotros, mayor es el potencial existente para alcanzar soluciones creativas y novedosas, y mayor será la comprensión de la realidad.

Las personas realmente efectivas tienen la humildad de reconocer sus propias limitaciones, y el valor para respetar a los demás con sus fortalezas y debilidades. Entienden que en una negociación, ambos pueden tener razón.

La sinergia es el alma del trabajo en equipo, el desarrollo de la unidad y la creatividad con otros individuos. Se trata de una cultura, no únicamente recomendable, sino totalmente necesaria en una familia o una organización.

Las personas tendemos a construir nuestras esperanzas en torno a las promesas y los acuerdos alcanzados. Mantener nuestros compromisos según nuestra integridad personal es la base de la confianza.

Ser leales a aquellos que no están presentes es también un importante modo de poner de manifiesto la integridad personal, una forma de generar confianza en aquellos que se hallan presentes.

Puedes profundizar en este hábito a través de los libros *Liderazgo emocional* y *Líder emocional*, de Richard Boyatzis y Annie McKee.

Creencias del hábito 6.
SINERGIZA

1. *Valoro y respeto las diferencias en mí mismo y en los demás.*
2. *Considero que es bueno y necesario que seamos distintos.*
3. *Creo que cuanto más diferentes somos, mayores resultados podemos obtener con nuestra colaboración.*
4. *Confío en que las cosas saldrán bien.*
5. *Sé que ambos podemos tener razón.*
6. *Estoy totalmente comprometido para trabajar en equipo y cooperar de forma creativa.*
7. *Confío en mi capacidad de conducir a otros.*
8. *Estoy dispuesto a compartir el poder con otros.*
9. *Considero que mis opiniones y acciones son importantes para el éxito del equipo.*
10. *Me siento cómodo contribuyendo más que otros del equipo cuando estoy capacitado para ello.*
11. *Confío en los demás y les doy el beneficio de la duda.*
12. *Comparto mis ideas y experiencia de buena gana con el equipo.*
13. *Yo también gano cuando gana mi equipo.*
14. *Disfruto mis éxitos y los del equipo con humildad y modestia.*
15. *Desarrollo y mantengo relaciones de trabajo efectivas con los demás.*
16. *Me siento cómodo dando felicitaciones sinceras a los demás.*
17. *Comunico las críticas de una manera justa y comprensiva.*
18. *Soy creativo y permito a los demás expresar su creatividad.*

19. *Soy leal al grupo y a la empresa.*
20. *Honro y dejo madurar todas las ideas que surgen.*

❖❖❖

Para llevara a cabo el proceso de desarrollo personal de este módulo, sigue las siguientes instrucciones:

Día 1. Transformación

1. Aplica la técnica de *Liberación de bloqueos emocionales* (pág. 59), realizando la siguiente consulta en el paso «obtener permiso»:

   Existe un bloqueo emocional que me impide establecer relaciones de sinergia.

2. Realiza el *paso cruzado* (pág. 72) durante un minuto, mientras te repites mentalmente:

   Activo todo mi cerebro para convertir la sinergia con los demás en un modo de vida.

3. Procesa todas y cada una de las creencias incluidas en la lista anterior utilizando el proceso de *grabación de creencias* (pág. 70).
4. Por la noche, antes de dormir, realiza una visualización del objetivo cumplido.
   Estirado en la cama, cierra los ojos y relájate. A continuación visualiza mentalmente una situación en la que te veas a ti mismo, o te sientas

una persona creativa y leal, que valora y respeta las diferencias, trabaja en equipo, coopera, confía en los demás, comparte sus ideas y experiencia, y entiende que el todo es más que la suma de las partes.

Durante la visualización, disfruta del sentimiento que te genera ser esa persona e imagina situaciones concretas en tu nueva vida siendo de ese modo. Si te quedas dormido mientras estás realizando la visualización, perfecto.

Día 2. Observación

1. Toma conciencia de ti mismo y obsérvate. Identifica los pequeños o grandes cambios que se producen en tu forma de pensar, de actuar, de reaccionar, de sentir, etc., y anótalos en el Anexo 3, «Proceso de desarrollo personal».
2. Por la noche, antes de dormir, realiza la misma visualización que el día 1.

Ya te falta muy poco. Hasta aquí has desarrollado los hábitos del liderazgo personal e interpersonal. Solo te falta desarrollar el séptimo hábito, *mejora continuamente*, que comenzarás mañana.

Asimismo, cuando lo desees, procede a realizar el ejercicio de puesta en práctica del hábito 6, *busca activamente la sinergia*, incluido en el Anexo 4.

HÁBITO 7. MEJORA CONTINUAMENTE

> *Una vida larga, sana y feliz es el resultado de realizar aportaciones, de tener proyectos significativos que sean personalmente estimulantes y mejoren y hagan felices las vidas de los otros.*
> HANS SELYE

El séptimo hábito, *mejora continuamente*, significa mantener y desarrollar nuestras capacidades y habilidades, a nivel físico, mental, emocional y espiritual.

Dedicar tiempo a mejorar en cada una de estas cuatro dimensiones es una actividad definida en el cuadrante II. Es una tarea importante y no urgente. Se trata de la inversión más significativa que podemos hacer.

Trabajar en la *dimensión física* significa cuidar el cuerpo, y comporta tomar conciencia y actuar sobre tres factores principales: alimentación, descanso y ejercicio.

Debemos ser conscientes de que los alimentos son la fuente de energía que necesitamos para desarrollar nuestra vida. Cada alimento genera un tipo de energía diferente al ser asimilado por nuestro organismo. Las combinaciones que hacemos con ellos facilitan o dificultan la asimilación de nutrientes y la expulsión de toxinas. Los alimentos que ingerimos son los principales responsables de la acidez o alcalinidad de nuestro organismo, y las enfermedades se desarrollan en entornos ácidos.

El ejercicio físico regular es una actividad importante para mantener y desarrollar nuestras capacidades. No solo mantiene los músculos en condiciones, sino que pone todos nuestros órganos en funcionamiento: incrementa la capacidad del corazón para bombear sangre, hace que el pulso en reposo sea más lento, oxigena y alcaliniza todas las células del cuerpo, facilita un nivel de energía mayor en cualquier momento del día, etc.

Trabajar la dimensión física refuerza nuestra visión personal, nuestra proactividad y nuestro convencimiento de que somos libres para actuar y elegir nuestra respuesta ante cualquier estímulo. En definitiva, renueva el primer hábito.

La *dimensión espiritual* está tremendamente relacionada con el segundo hábito. En ella se encuentra nuestro núcleo, nuestro sistema de valores, nuestra voluntad de sentido y de conexión con el infinito.

Un buen método para trabajar la dimensión espiritual pasa por meditar regularmente. La meditación permite acceder a frecuencias cerebrales distintas a las utilizadas habitualmente, permitiendo de este modo utilizar en mayor medida el potencial que encierra nuestro cerebro. Al meditar mejoramos nuestras capacidades mentales, incrementando la intuición, la capacidad de análisis, la concentración, la memoria, el autocontrol, la creatividad, etc.

Trabajar la dimensión espiritual nos ayuda comprender más profundamente nuestros valores más íntimos, a depurar nuestra misión personal, y a reformular nuestras metas y objetivos. Básicamente, nos lleva a renovar el segundo hábito.

El desarrollo de la *dimensión mental* supone mantener nuestra mente activa. Supone leer, escribir, analizar, planificar, visualizar, explorar en profundidad nuevos temas o desarrollar proyectos en los que esté implicada nuestra capacidad mental.

Cuando vemos la televisión estamos recibiendo, activa o pasivamente, los valores que se enseñan a través de ella, con la correspondiente influencia que de forma sutil e imperceptible tiene en nosotros. Hemos de ser selectivos, diferenciando y seleccionando exclusivamente programas que estén alineados con nuestros propósitos y valores. Debemos eliminar de nuestras vidas aquellos programas que no nos aportan nada o, incluso peor, que influyen negativamente en nosotros.

El proceso de renovación mental permite adquirir mayores capacidades de administración personal (tercer hábito). Serán esas capacidades las que nos proporcionarán verdadera libertad e independencia. Recuerda que la seguridad económica no reside en nuestro empleo o nuestras riquezas. Reside en nuestra capacidad para producir y generar riqueza.

La *dimensión emocional* se desarrolla mayoritariamente a partir de nuestras relaciones con los demás. Si las tres dimensiones anteriores (física, mental y espiritual) estaban dirigidas a los tres primeros hábitos, la emocional se dirige a los tres siguientes.

Tener éxito en los hábitos cuarto, quinto y sexto no es principalmente una cuestión de conocimientos, sino de emoción, y está íntimamente relacionado con nuestra seguridad personal, el conocimiento de nosotros mismos, la autoconciencia, la sensibilidad social, la empatía y los bloqueos emocionales que todos llevamos a cuestas.

Serán nuestras creencias, y el nivel de integridad que guarden con los principios y valores correctos, lo que nos dará la seguridad personal necesaria. No es de los demás, con sus actos o sus opiniones, de donde emana nuestra seguridad.

Emana de nuestra integridad y equilibrio interior. Se trata, en definitiva, del desarrollo de nuestra inteligencia emocional.

El proceso de mejora continua debe incluir la renovación equilibrada en las cuatro dimensiones. Solo alcanzaremos la efectividad óptima cuando las abordemos conjuntamente, de forma sensata y equilibrada.

Convertirnos en expertos de nuestro propio desarrollo personal, dándole la importancia que requiere el mantenimiento de cada una de las cuatro dimensiones, es, posiblemente, la tarea más importante que todos deberíamos abordar.

Un gran libro que te ayudará a conocer la reacción de tu organismo ante cada tipo de alimento, y a asumir la responsabilidad sobre tu propia salud, es *La encima prodigiosa*, de prestigioso doctor Hiromi Shinya.

Creencias del hábito 7.
MEJORA CONTINUAMENTE

1. *Me renuevo diariamente a todos los niveles: físico, mental, emocional y espiritual.*
2. *Me siento cómodo ante los cambios.*
3. *Trabajo para hacer las cosas mejor.*
4. *Confío en que hay múltiples soluciones para un mismo problema.*
5. *Siempre busco y espero lo mejor de mí mismo y de los demás.*
6. *Siempre aspiro a más.*
7. *Hago todo lo que puedo y mejoro cada vez más.*
8. *Tengo pensamiento crítico.*
9. *Estoy tranquilo, confiado y lleno de energía por los cambios y desafíos en mi vida.*

10. *Cada día soy más fuerte, sabio y decidido.*
11. *Leo y aprendo cosas nuevas cada día.*
12. *Aprendo a comer correctamente para mejorar mi estado físico y mis capacidades mentales y emocionales.*
13. *Tengo las riendas de mi vida en todo momento.*
14. *Relajo mi mente a diario durante unos minutos.*
15. *Transmito y posteriormente dejo marchar mis emociones.*
16. *Hago todo lo necesario para estar cada día más fuerte y sano.*
17. *Mi salud es importante.*
18. *Duermo profundamente y con facilidad.*
19. *Disfruto cuidando mi salud y mi cuerpo.*
20. *Cada día me siento más joven y sano.*

Para llevar a cabo el proceso de desarrollo personal de este módulo, sigue las siguientes instrucciones:

Día 1. Transformación

1. Aplica la técnica de *Liberación de bloqueos emocionales* (pág. 59), realizando la siguiente consulta en el paso «obtener permiso»:

   Existe un bloqueo emocional que me impide mejorar continuamente en todos los ámbitos de mi vida.

2. Realiza el *paso cruzado* (pág. 72) durante un minuto, mientras te repites mentalmente:

   Activo todo mi cerebro para mejorar continuamente en todos los ámbitos de mi vida.

3. Procesa todas y cada una de las creencias incluidas en la lista anterior utilizando el proceso de *grabación de creencias* (pág. 70).
4. Por la noche, antes de dormir, realiza una visualización del objetivo cumplido.
Tumbado en la cama, cierra los ojos y relájate. A continuación visualiza mentalmente una situación en la que te veas a ti mismo, o te sientas

una persona abierta a los cambios, que cuida su cuerpo y sus emociones, desarrolla su mente y potencia su espiritualidad.

Durante la visualización, disfruta del sentimiento que te genera ser esa persona e imagina situaciones concretas en tu nueva vida siendo de ese modo. Si te quedas dormido mientras estás realizando la visualización, perfecto.

Día 2. Observación

1. Toma conciencia de ti mismo y obsérvate. Identifica los pequeños o grandes cambios que se producen en tu forma de pensar, de actuar, de reaccionar, de sentir, etc., y anótalos en el Anexo 3, «Proceso de desarrollo personal».
2. Por la noche, antes de dormir, realiza la misma visualización que el día 1.

Únicamente te falta efectuar el ejercicio de puesta en práctica del hábito 7, *tu plan de mejora*, que encontrarás en el Anexo 4. Se trata de un ejercicio muy importante, que puede marcar un punto de inflexión en tu vida. Es por ello por

APUNTA ALTO

lo que te recomiendo encarecidamente que le dediques el tiempo necesario.

> *Nunca mejora su estado quien muda solamente de lugar y no de vida y de costumbres.*
> FRANCISCO DE QUEVEDO

5
¡Enhorabuena!

Amarse a sí mismo es el comienzo de una aventura que dura toda la vida.

Oscar Wilde

Haber llegado hasta aquí ha requerido por tu parte fuerza de voluntad, dedicación, esfuerzo y constancia. Por todo ello, así como por la evolución personal que, sin duda, habrás experimentado durante este proceso, quiero darte mi más sincera enhorabuena. También deseo de corazón que hayas disfrutado del proceso.

A partir de este punto, tienes todo lo que necesitas para ser altamente efectivo. Has desarrollado, a nivel consciente y subconsciente, los conocimientos y creencias que conforman los pilares de la efectividad. Aun así, deberás poner tu intención y voluntad, e invertir tiempo y energía, pero no esfuerzo. A partir de ahora, para ser realmente efectivo, pondrás dedicación, constancia, motivación, interés, etc., pero todo ello dentro de un estado de flujo, siempre remando a favor de la corriente.

Recuerda que el nivel de madurez obtenido al finalizar el proceso por el que te ha guiado este libro es únicamente un paso en tu proceso de desarrollo personal. Una vez establecidas las creencias que soportan altos niveles de efectividad, el día a día te llevará a desarrollar niveles cada vez más elevados en todas y cada una de las áreas de tu vida.

En el capítulo 3 realizaste un proceso de autoconocimiento que establecía tu situación inicial. Ahora tienes la oportunidad de medir tu evolución y comparar tu situación inicial con la final. Este será el último ejercicio del libro. Para hacerlo, vuelve al apartado «Tu punto de partida» (pag. 52) y determina tus valores y tu nivel de madurez actual en cada uno de los 7 hábitos. Anota las respuestas que vayas obteniendo en la hoja de «Situación final» del Anexo 2 (autoconocimiento). Una vez lo tengas, podrás realizar la comparación y valorar los resultados.

❖❖❖

Ser plenamente consciente de tus valores más profundos y haber enunciado tu propia misión es, posiblemente, el ejercicio más profundo y trascendente de todos los que has realizado a lo largo de estas cuatro semanas. Mantén presentes los resultados obtenidos, ya que te servirán de guía en todo lo que hagas, y no dudes en ir reajustando tu misión a lo largo del tiempo.

El *Test muscular,* en cualquiera de sus modalidades, te permitirá comunicarte con tu subconsciente siempre que lo desees. Personalmente considero que es la técnica más trascendente de este libro, ya que permite, con unos mínimos conocimientos adicionales, establecer comunicación, de forma fácil, con cualquier tipo de energía, incluida la conciencia colectiva o el subconsciente de otras personas.

Utiliza siempre que lo consideres necesario la técnica de *liberación de bloqueos emocionales* (Reset Emocional). Al igual que hacemos con la ropa —la lavamos periódicamente— o con el coche —lo llevamos al mecánico para hacerle mantenimientos periódicos—, debemos estar atentos para eliminar aquellos bloqueos emocionales con los que cargamos innecesariamente. No se trata de una tarea que debamos hacer con frecuencia, pero deberíamos estar atentos y periódicamente verificar si existe algún bloqueo emocional.

La técnica del *paso cruzado* te aportará equilibrio, claridad mental y coordinación, incrementará tu nivel de energía, etc. Es recomendable realizar este ejercicio durante un minuto, o incluso menos, siempre que te sientas cansado a nivel físico, mental o emocional. Te puede ser también de utilidad cuando vayas a realizar una actividad que requiera concentración, como estudiar, leer o desarrollar algún proyecto.

También puedes emplear cuando lo desees, para transformar creencias, el proceso de grabación rápida de creencias que has aprendido.

Ten presente que para alcanzar objetivos es preciso la grabación de todas las creencias necesarias. No grabarlas todas conlleva a una lucha interna que nos conduce a la no consecución de los resultados esperados. En mi libro *Método INTEGRA* aprenderás a definir todas las creencias necesarias y a afrontar la transformación para alcanzar cualquier objetivo que desees.

Tanto la técnica de liberación de bloqueos emocionales como las de transformación de creencias tienen incorporados en sus procesos «controles de seguridad», que permiten establecer si la transformación puede ser realizada en este momento. En consecuencia, cada vez que emprendas un proceso de transformación a nivel subconsciente, cabe la posibilidad de no obtener el permiso para realizarlo. Encontrarte ante una negativa en esta parte del proceso puede significar dos cosas:

1. Que no es el momento oportuno. Es posible que no estés lo suficientemente relajado o que no dispongas del tiempo necesario para realizar el proceso de transformación en el momento en que lo estás intentando. También es posible que la transformación que deseas realizar deba llevarse a cabo después de alguna otra o, lo que es lo mismo, que haya alguna otra creencia que debas transformar antes que esta, o alguna emoción que deba ser liberada previamente.
2. Que el proceso de cambio requiera de otras técnicas distintas a las incluidas en este libro. Las técnicas utilizadas en este libro son las más simples y rápidas, que permiten acceder al subconsciente para transformar creencias y generar nuevos patrones de comportamiento. En *Método INTEGRA*, además de estas utilizamos otras que pueden resultarte útiles. También podrías utilizar otras técnicas como PSYCH-K, biodescodificación, PNL, Resonance Repatterning, EFT, EMDR, etc.

En cualquier caso, pregúntale a tu subconsciente el motivo por el que la respuesta ha sido negativa (siempre utilizando preguntas de respuesta sí/no), y sabrás por dónde continuar.

El camino recorrido de la mano de este libro es únicamente un peldaño más en tu *Proceso de desarrollo personal*. No te pares aquí: continúa. Pon en práctica conscientemente los 7 hábitos y avanza con más transformaciones que te lleven a ser como tú realmente quieras. Ese es tu poder personal. No permitas que las creencias de cualquier otro te impidan ser la persona que tú realmente desees.

Utiliza libros como este, realiza cursos de desarrollo personal, contacta con algún profesional del *coaching* o del desarrollo personal, o con un facilitador de alguna de las técnicas energéticas que permiten el acceso al subconsciente. Cualquiera de estos caminos te permitirá seguir avanzando. Pero por encima de todo, quiero animarte a que seas tremendamente feliz.

> *El futuro tiene muchos nombres. Para los débiles es lo inalcanzable. Para los temerosos, lo desconocido. Para los valientes es la oportunidad.*
> Víctor Hugo

En mi libro *Escoge tu camino a la felicidad y el éxito* (www.escogetucamino.com) encontrarás analizadas y clasificadas más de cincuenta técnicas diferentes de psicología y medicina energética. Te servirá de guía en caso de que desees profundizar en este tipo de herramientas.

Si tienes interés por aprender a realizar transformaciones en ti mismo, o incluso para ayudar a otros, no puedo dejar de recomendarte mi libro *Método INTEGRA*, en el que se enseña en detalle la metodología para llevar a cabo cualquier tipo de transformación.

Como has podido comprobar, la formación en el ámbito del desarrollo de habilidades y capacidades puede ser un proceso rápido y sencillo, si incorporamos la *formación a nivel subconsciente*. Integrando las creencias que fundamentan unos determinados hábitos, generamos los patrones de comportamiento deseados.

Basta pensar durante un instante en el potencial que presenta este tipo de formación en cualquier ámbito para darse cuenta de la especial relevancia que adquiere en el campo educativo y en el desarrollo de profesionales.

❖❖❖

Desde la perspectiva de que la empresa es un lugar de convivencia profesional, donde cada individuo es responsable del nivel de aplicación de sus propias capacidades a su trabajo y de alcanzar sus propias metas en el marco de las finalidades de la empresa, la aplicación generalizada de los 7 hábitos de la gente altamente efectiva por parte del personal de cualquier empresa u organización puede suponer toda una transformación tanto interna como externa.

Comenzando por los equipos directivos, todos los trabajadores deberían estar alineados con la misión y los valores de la empresa, pero eso solo es posible si los consideran suyos y están realmente implicados. También es recomendable que cada departamento disponga de su propia misión, en cuya redacción hayan participado todos los miembros del departamento. Hacerlo de ese modo significa hacerlo siguiendo los hábitos de efectividad que hemos visto, y es el camino hacia la implicación responsable de todos los trabajadores.

Tener integrados los 7 hábitos en el ámbito laboral comporta ser coherentes con la misión en todas las áreas y políticas de empresa. La política de selección y formación del personal, el sistema de incentivos, el diseño de producto, las políticas de aprovisionamiento y de relación con los proveedores, la imagen corporativa, las campañas de marketing y publicidad, el servicio de atención al cliente, etc., deben mantenerse siempre alineados con la misión. No hacerlo comporta incoherencia y resta efectividad a todos los niveles.

Aplicar los 7 hábitos en la empresa conduce a mantener alejados los miedos e inseguridades que paralizan de forma indiscriminada a individuos y organizaciones, especialmente en los tiempos actuales de crisis profunda. Es ahora más que nunca cuando necesitamos trabajadores felices, optimistas, positivos, creativos, que trabajen en equipo, que no se dejen influenciar por los mensajes negativos que continuamente recibimos y, muy especialmente, abiertos al cambio.

Quizás la tarea más importante de las empresas y, por ende, de sus responsables, es acompañar a todos su trabajadores en su crecimiento personal y profesional. Este es uno de los factores que van a marcar la diferencia en estos tiempos de transformación.

La familia es tal vez el ámbito más importante en el que debemos poner en práctica los 7 hábitos. De ello depende el correcto desarrollo de nuestros hijos como personas felices, seguras de sí mismas, que perfeccionen sus capacidades y habilidades.

Nosotros somos los responsables del desarrollo de nuestros hijos. Hacerlo bien depende en gran medida de tener claro el objetivo y mantenerlo en mente, incluso en los momentos de mayor tensión. Debería ser nuestra prioridad facilitar su crecimiento y desarrollo, con total libertad para explotar el enorme potencial que encierran.

La mayor parte de lo que aprenden los niños es a través del ejemplo que obtienen en sus experiencias diarias. No es lo que decimos que deberíamos o deberían hacer, sino lo que nosotros realmente hacemos y la valoración que les transmitimos respecto a lo que ellos hacen. Nuestras actitudes, al igual que sucedió con las actitudes de nuestros padres, abuelos, profesores, etc., es lo que nuestros hijos toman como modelo para establecer sus propias creencias y generar sus bloqueos emocionales.

❖❖❖

Ser agradecido es una parte importante para atraer la abundancia. Si te ha sido útil este libro, compártelo y agradéceselo a quien lo haya acercado a tu vida.

Si te ha gustado, y tienes como objetivo personal convertirte en una persona realmente feliz, sería un honor para mí acompañarte por medio de mi libro *Un curso de felicidad*, en el que encontrarás un proceso de formación a nivel ubconsciente que te guiará hasta alcanzar un nivel de conciencia en el cual la felicidad emana de tu interior.

Quiero acabar este libro agradeciendo al fallecido Stephen R. Covey el haber difundido tan ampliamente los 7 hábitos de la gente altamente efectiva. Sin su trabajo, este libro no existiría.

El día más bello: HOY.
La cosa más fácil: EQUIVOCARSE.
El obstáculo más grande: EL MIEDO.
La peor derrota: EL DESALIENTO.
Los mejores maestros: LOS NIÑOS.
La primera necesidad: COMUNICARSE.
La mayor felicidad: SER ÚTIL A LOS DEMÁS.
El regalo más bello: EL PERDÓN.
Lo más imprescindible: EL HOGAR.
La ruta más rápida: EL CAMINO CORRECTO.
La sensación más grata: LA PAZ INTERIOR.
El arma más eficaz: LA SONRISA.
El mejor remedio: EL OPTIMISMO.
La mayor satisfacción: EL DEBER CUMPLIDO.
La fuerza más potente: LA FE.
Los seres más necesitados: LOS PADRES.
Lo más hermoso: EL AMOR.

MADRE TERESA DE CALCUTA

APUNTA ALTO

¡Objetivo un millón!

Mi objetivo es ayudar en el despertar de un millón de personas. Ayúdame a conseguirlo...

Si te ha gustado este libro y lo encuentras interesante, te voy a pedir un favor. Háblale de él o de alguna de las técnicas que en él aparecen a las personas que aprecias. De este modo les ayudarás a conocerse mejor a sí mismas y a descubrir el gran potencial que todos tenemos dentro. Hazlo por *mail*, por teléfono o en persona, pero hazlo del mismo modo que te gustaría que lo hicieran contigo.

¡Hazme partícipe de tus experiencias!

Estaré encantado si decides compartir conmigo los avances en tu desarrollo personal y el de los tuyos.

Si consideras que puedo ayudarte de algún modo, dímelo...

apuntaalto@eiriz.com

¡Cuenta conmigo!

Si estás interesado en expandir una cultura de felicidad y de eficacia en tu organización, facilitando de este modo el desarrollo personal de tu equipo y mejorando los resultados de tu empresa, cuenta conmigo.

Para la realización de conferencias, cursos o cualquier otro proyecto de desarrollo personal e interpersonal, o de formación a nivel subconsciente, puedes localizarme en

apuntaalto@eiriz.com

Anexo 1
Creencias

Autoestima
1. Me amo incondicionalmente.
2. Merezco ser feliz.
3. Merezco amar y ser amado.
4. Los errores que cometo me hacen avanzar más rápido hacia mis metas.
5. Hago las cosas lo mejor que puedo y sé en cada momento.
6. Disfruto de ser único.
7. Confío en mí mismo.
8. Estoy orgulloso de mí.
9. Soy un ganador.
10. Soy una buena persona.

Relaciones

1. Estoy preparado para amar.
2. Me resulta fácil amar.
3. Tengo claro lo que busco en una relación.
4. Soy feliz en mis relaciones.
5. Acepto que cada uno piensa de forma diferente.
6. Soy sincero en mis relaciones.
7. Confío en los demás y ellos confían en mí.
8. Me resulta fácil entablar una relación.
9. Soy responsable de mis acciones.
10. Sé lo que quiero, y lo expreso con claridad y sinceridad.

Seguridad

1. Confío en mis decisiones.
2. Soy sincero conmigo mismo.
3. Me permito realizar mis sueños y los manifiesto.
4. Conozco mis miedos y los aprovecho para avanzar en mi desarrollo personal.
5. Soy responsable de mí mismo.
6. Me permito disfrutar de todo lo que tengo a mi alcance.
7. Valoro mi tiempo y lo uso solo para las cosas que más me importan.
8. Encuentro sentido a mi vida y persigo mi propósito con decisión y alegría.
9. Recibo ayuda siempre que lo necesito el universo me guía.
10. Los cambios me benefician siempre.

ANEXO 1: CREENCIAS

Prosperidad

1. Soy una fuente abundante de dinero y prosperidad.
2. Todo lo que necesito me llega con facilidad en el momento apropiado.
3. Es correcto tener dinero y conseguir más dinero.
4. Me siento bien con mis éxitos, y sé quién soy rodeado de gente exitosa.
5. Mi valor como persona y mi situación económica son dos aspectos distintos.
6. Genero cada vez más riqueza para mi bienestar y el de los demás.
7. El universo es un lugar acogedor y me proporciona todo lo que necesito.
8. Merezco tener todo el dinero que preciso.
9. Soy consciente de mis dones y los uso para generar riqueza para mí y para los demás.
10. Mi capacidad de crear abundancia aumenta día a día.

Salud

1. Mi cuerpo está fuerte y sano, y cada día tengo más vitalidad.
2. Cuido mi cuerpo y su salud.
3. Hago todo lo necesario para estar cada día más fuerte y sano.
4. Mi salud es importante.
5. Mi cuerpo está lleno de energía.
6. Disfruto cuidando mi salud y mi cuerpo.
7. Me permito disfrutar de un cuerpo fuerte y sano.
8. Acepto la salud como algo natural en mi vida.

9. Cada día me siento más joven y sano.
10. Acepto mi enfermedad como un cambio para mejorar mi crecimiento personal y mi salud.

Anexo 2
Autoconocimiento

Situación inicial   Fecha:

TUS VALORES	SÍ	NO
1. Soy el responsable de lo que pasa en mi vida		
2. Soy una persona segura de sí misma		
3. Soy optimista en todo momento		
4. Confío en mí mismo y en los demás		
5. Asumo la responsabilidad de mis actos		
6. Soy íntegro y honesto conmigo mismo y con los demás		
7. Supero cualquier dificultad		
8. Soy constante en todo lo que me propongo		
9. Tengo claridad mental en todo momento		
10. Tengo pensamiento creativo		

APUNTA ALTO

TUS VALORES	SÍ	NO
11. Establezco prioridades y gestiono mi tiempo orientándome a las tareas realmente importantes		
12. Delego las tareas no importantes		
13. Mi capacidad de negociación está basada en principios		
14. Soy flexible		
15. Soy agradecido		
16. Escucho con empatía, con la intención de entender		
17. Soy amable, generoso y compasivo con los demás		
18. Valoro y respeto la pluralidad y las diferencias		
19. Estoy comprometido con el trabajo en equipo		
20. Soy leal a mi grupo		
21. Me renuevo diariamente a todos los niveles: físico, mental, emocional y espiritual		
22. Tengo una mente abierta		
23. Gestiono correctamente mis emociones		
24. Cuido mi cuerpo		
25. Soy responsable de mi salud física y emocional		

ANEXO 2: AUTOCONOCIMIENTO

Los 7 hábitos en tu vida actual. Situación inicial

	0	1	2	3	4	5	6	7	8	9	10
1. Sé proactivo											
2. Empieza con el fin en mente											
3. Pon primero lo primero											
4. Piensa en ganar-ganar											
5. Busca primero entender y luego ser entendido											
6. Sinergiza											
7. Mejora continuamente											

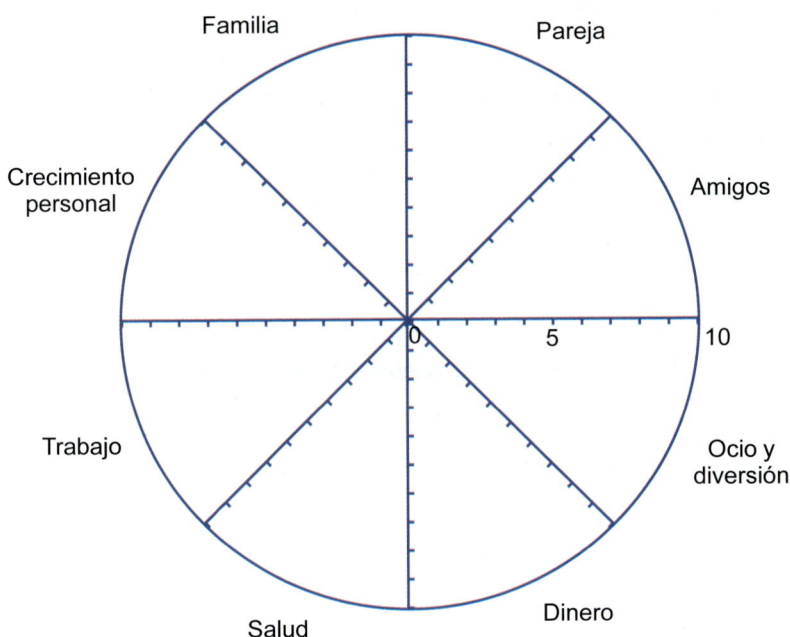

Rueda de la vida

APUNTA ALTO

Situación final   Fecha:

TUS VALORES	SÍ	NO
1. Soy el responsable de lo que pasa en mi vida		
2. Soy una persona segura de sí misma		
3. Soy optimista en todo momento		
4. Confío en mí mismo y en los demás		
5. Asumo la responsabilidad de mis actos		
6. Soy íntegro y honesto conmigo mismo y con los demás		
7. Supero cualquier dificultad		
8. Soy constante en todo lo que me propongo		
9. Tengo claridad mental en todo momento		
10. Tengo pensamiento creativo		
11. Establezco prioridades y gestiono mi tiempo orientándome a las tareas realmente importantes		
12. Delego las tareas no importantes		
13. Mi capacidad de negociación está basada en principios		
14. Soy flexible		
15. Soy agradecido		
16. Escucho con empatía, con la intención de entender		
17. Soy amable, generoso y compasivo con los demás		
18. Valoro y respeto la pluralidad y las diferencias		
19. Estoy comprometido con el trabajo en equipo		
20. Soy leal a mi grupo		

ANEXO 2: AUTOCONOCIMIENTO

TUS VALORES	SÍ	NO
21. Me renuevo diariamente a todos los niveles: físico, mental, emocional y espiritual		
22. Tengo una mente abierta		
23. Gestiono correctamente mis emociones		
24. Cuido mi cuerpo		
25. Soy responsable de mi salud física y emocional		

Los 7 hábitos en tu vida actual. Situación final

	0	1	2	3	4	5	6	7	8	9	10
1. Sé proactivo											
2. Empieza con el fin en mente											
3. Pon primero lo primero											
4. Piensa en ganar-ganar											
5. Busca primero entender y luego ser entendido											
6. Sinergiza											
7. Mejora continuamente											

Anexo 3
Proceso de desarrollo personal

Anota en estas páginas los cambios que vayas observando durante tu proceso en tu forma de pensar, de actuar, de reaccionar, de sentir, etc. En definitiva, toma nota de cualquier indicio de transformación que hayas identificado.

Hábito 1: sé proactivo

APUNTA ALTO

Hábito 2: empieza con el fin en mente

Hábito 3: pon primero lo primero

Hábito 4: piensa en ganar-ganar

Hábito 5: busca primero entender y luego ser entendido

APUNTA ALTO

Hábito 6: sinergiza

Hábito 7: mejora continuamente

Anexo 4
Ejercicios de puesta en práctica

Utiliza los ejercicios incluidos en este anexo como elementos de refuerzo y consolidación de los hábitos desarrollados en este libro.

Realiza el ejercicio correspondiente a cada hábito una vez hayas finalizado el proceso de transformación de dicho hábito.

El ejercicio correspondiente al hábito 1, *Sé proactivo*, en el que estructurarás los conceptos del hábito y los explicarás a alguien conocido, es recomendable que lo emplees también para el resto de los hábitos.

Ejercicio hábito 1: sé proactivo

Repasa los conceptos principales del módulo 1, realizando un esquema que te permita explicarlo con facilidad a otra persona.

A continuación, elige a alguien de tu entorno (familiar, amigo, compañero de trabajo...) y explícale en qué consiste el hábito que estás trabajando, así como los beneficios que aporta a quien lo desarrolla.

Ejercicio hábito 2: identificación de la misión personal

El ejercicio que vas a realizar a continuación te permitirá identificar tus valores más profundos, que conforman los pilares de tu misión personal.

Redactar la misión personal no es algo que se pueda hacer en un momento. Requiere de una introspección profunda y un análisis cuidadoso. Es por ello por lo que debes buscar un lugar tranquilo para realizar este ejercicio, ajeno a los problemas y circunstancias de tu día a día y reservándote un mínimo de una hora. Si es posible, hazlo en medio de la naturaleza, en la playa, en la montaña, en un jardín, etc.

Antes de comenzar el ejercicio, toma papel y lápiz, y déjalos a tu lado.

Lee las instrucciones del ejercicio, y al finalizar la lectura realiza la actividad tal como se indica.

1. Ponte cómodo, con la columna recta y apoyada en el respaldo de una silla o tumbado en una cama. Cierra los ojos y haz tres respiraciones profundas por la nariz, exhalando el aire por la boca.
2. Procede lentamente a relajar todo tu cuerpo. Comienza por la cabeza (el cuero cabelludo, la frente, los párpados, los ojos, etc.) y continúa por el cuello, los hombros, los brazos, las manos, el tronco con todos sus órganos internos (corazón, pulmones, estómago, intestinos, hígado, páncreas, etc.), las caderas, las piernas y los pies.

ANEXO 4: EJERCICIOS DE PUESTA EN PRÁCTICA

3. Imagínate que después de una larga vida, falleces y te asomas por una ventana el día de tu funeral. Allí están tus familiares, amigos, compañeros de trabajo y de organizaciones comunitarias o sociales en las que has participado a lo largo de tu vida. Quizás veas personas que todavía no conoces o que ni siquiera existen en la actualidad. Probablemente estén presentes tus hijos, tus nietos o incluso tus bisnietos. Si lo deseas, pueden acudir también personas importantes en tu vida que fallecieron antes que tú. Recorre el lugar y observa las caras y las siluetas de todos ellos.
4. En el transcurso de tu funeral, se adelantarán varias personas para pronunciar unas palabras de despedida. Piensa *qué es lo que te gustaría* que cada uno de estos oradores dijera sobre ti, sobre tu vida, sobre el tipo de persona que has sido, sobre tu carácter, sobre tus logros más importantes, sobre cómo has influido en sus vidas, sobre tu aportación a la sociedad y al planeta...
Genera tantos sentimientos y emociones como te sea posible, e implica tantos sentidos (vista, oído, olfato, etc.) como puedas en el proceso.

- ✯ En primer lugar se adelanta tu esposo o esposa. ¿Qué te gustaría que reflejaran sus palabras?
- ✯ Ahora, uno de tus hijos.
- ✯ Algún otro familiar (padres, hermanos, sobrinos...).
- ✯ Un amigo.
- ✯ Un compañero de trabajo.
- ✯ Permite adelantarse a cualquier otra persona significativa para ti.

5. Una vez han hablado todos aquellos que tú consideres, activa gradualmente los músculos de tu cuerpo, moviendo los dedos, las piernas y los brazos, respira profundamente y, cuando lo consideres, abre los ojos.
6. Ahora toma el papel y el lápiz, y escribe el tipo de persona que quieres ser. ¿Qué es lo más importante en tu vida? ¿De qué te quieres sentir orgulloso? ¿Qué metas quieres lograr? ¿Qué deberes no querrías que te quedaran pendientes al morir? ¿Qué te gustaría que pensaran de ti los demás? En definitiva, ¿qué quieres ser y hacer en tu vida?

    Quizás te ayude realizar esta tarea diferenciando los distintos roles o áreas de tu vida. Por ejemplo, como persona, padre, esposo, maestro, profesional, miembro de una comunidad, vecino, etc.
7. El último paso consiste en redactar el enunciado de tu misión personal, aquella que te proporcionará equilibrio y armonía, en todas las facetas de tu vida.

    Partiendo de los valores que has redactado en el punto anterior, elabora una frase que te sirva de misión personal, una frase que recoja los principios más profundos de la persona que quieres ser y de las metas que deseas alcanzar. El objetivo es que te identifiques perfectamente con lo que hayas escrito y que te sirva en el futuro para mantener clara tu dirección.

Tómate el resultado de este ejercicio como el punto de partida hacia la definición de tu misión. Mantenla a mano, y vete depurándola y mejorándola siempre que lo consideres necesario.

ANEXO 4: EJERCICIOS DE PUESTA EN PRÁCTICA

Ejercicio hábito 3: prioridades en mi vida

Dedícale el tiempo necesario para realizar la actividad punto por punto.

1. Cierra los ojos y respira profunda y lentamente, haciendo tres inspiraciones y espiraciones de forma consciente y conectando con este momento de tu vida. A continuación abre los ojos y prosigue.
2. Considera por un momento que tu vida está representada por una rueda, la rueda de la vida. Esta rueda se halla dividida en porciones, que representan las diferentes áreas de tu existencia.

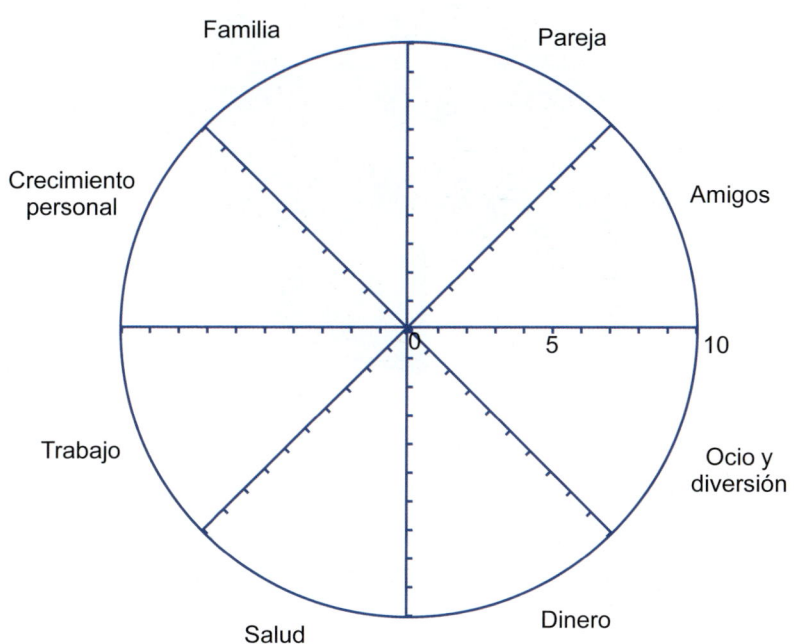

APUNTA ALTO

Reflexiona durante unos minutos sobre la coherencia de tu actividad diaria en cada una de las áreas, con tus valores más profundos y con la misión personal que identificaste anteriormente.

Puntúa de 0 a 10 —0 sería la total incoherencia y 10 la coherencia máxima— el nivel de coherencia en cada área y dibuja el borde exterior de la porción correspondiente en la rueda de tu vida.

El resultado final puede ser algo parecido a lo siguiente:

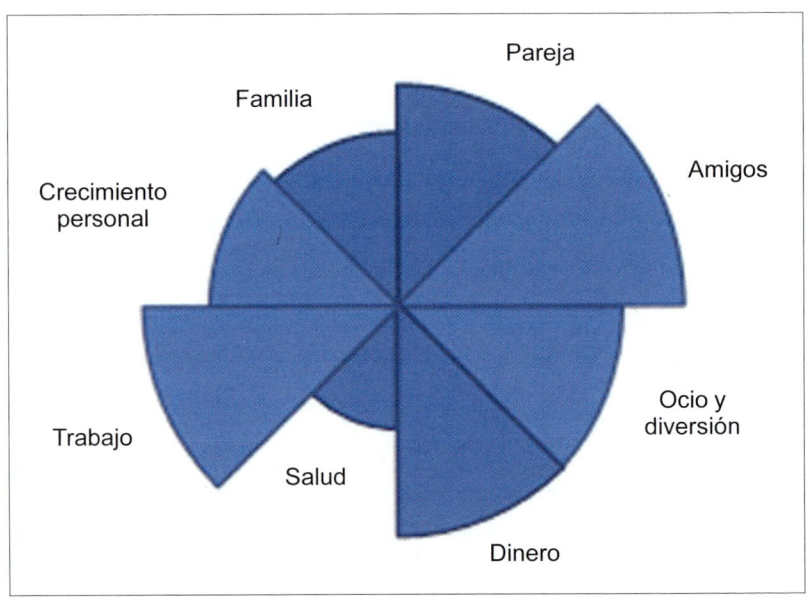

Tómate el resultado obtenido como un regalo, que te permitirá orientar mejor tus decisiones y acciones futuras. Quizás te ayude a replantearte algún aspecto concreto de tu vida.

ANEXO 4: EJERCICIOS DE PUESTA EN PRÁCTICA

Ejercicio hábito 4: aprende de quien practica el hábito ganar-ganar

Identifica a dos personas que conozcas que tengan arraigado el hábito ganar-ganar.

Una vez identificadas, cierra los ojos y recuerda, para cada una de ellas, alguna situación en la que las has visto gestionar una negociación en la que ambas partes quedaron satisfechas. Piensa en cómo lo hicieron, cómo fue el proceso, cuál era el punto de partida y la posición del contrario, etc.

Cuando veas a alguna de estas personas en el futuro, obsérvala y fíjate en los detalles de su forma de actuar, en sus palabras, en sus gestos, en sus planteamientos y enfoques, etc.

Ejercicio hábito 5: practica la escucha empática

Hoy te toca poner en práctica la escucha empática, demostrando comprensión y respeto con todas las personas con las que entres en contacto. Hablarás lo menos posible, y cuando lo hagas, que sea para comprender mejor a tu interlocutor. Asegúrate de no transmitir tus opiniones o experiencias, hasta que hayas entendido los motivos reales, las preocupaciones, los intereses, etc., de tu interlocutor.

Ejercicio hábito 6: busca activamente la sinergia

Identifica a una persona de tu círculo más próximo, ya sea en el ámbito familiar, profesional o de tus amistades, con la que te resulte difícil comunicarte y llegar a acuerdos. Piensa también en algún tema concreto que os afecte a ambos, en el que sería beneficioso alcanzar algún acuerdo.

A continuación, escoge un momento en el que podáis hablar a solas y explícale el proceso de desarrollo que estás realizando. Aclárale que las diferencias son una oportunidad única para alcanzar mejores resultados y pregúntale si estaría interesada en colaborar contigo para mejorar vuestra relación.[1]

Una vez obtenido su interés, puedes preguntarle si le gustaría comenzar por algún tema en concreto. Si no lo hubiese, plantéale el tema que tú habías identificado previamente.

Desarrolla tu comunicación con esta persona basándote en los conocimientos, habilidades y hábitos que has ido desarrollando a lo largo de los días anteriores.

Ejercicio hábito 7: tu plan de mejora

Dedica el tiempo necesario para realizar la actividad punto por punto.

1. Cierra los ojos y respira profunda y lentamente, haciendo tres inspiraciones y espiraciones conscientemente, y conectando con este momento de tu vida. A continuación abre los ojos y continúa.
2. Reflexiona durante unos minutos sobre el nivel de desarrollo que estás teniendo en cada una de las cuatro dimensiones (*física, mental, emocional* y *espiritual*).

Puntúalas de 0 a 10 —0 sería la desidia total y 10 la implicación máxima—. Refleja los resultados en tu rueda del desarrollo, en el Anexo 5, «Proyecto de desarrollo».

---

1. En caso de obtener una respuesta negativa por parte de una persona, no te preocupes: identifica a otra y comienza de nuevo. Lo quiera ella o no, el proceso de transformación de la relación con la persona que te ha dicho que no ha comenzado, y sus frutos brotarán con el tiempo.

ANEXO 4: EJERCICIOS DE PUESTA EN PRÁCTICA

RUEDA DE DESARROLLO PERSONAL

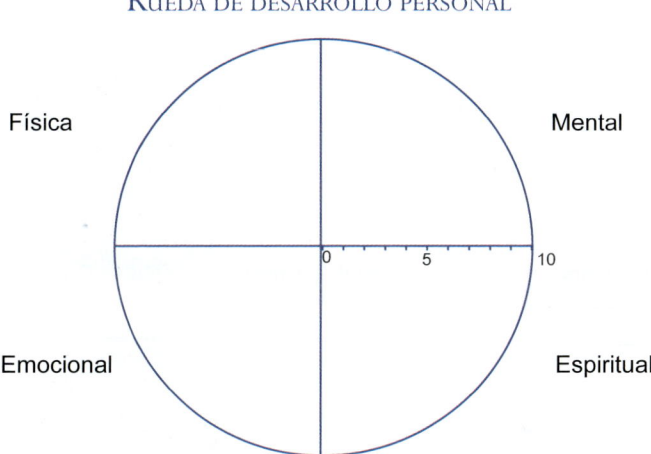

La rueda resultante es con la que avanzas en tu vida. Si es pequeña, la velocidad y la distancia que podrás alcanzar también serán pequeñas, y si deseas ir más rápido o llegar más lejos, tendrás que alcanzar un nivel de esfuerzo mucho mayor, que compense la pequeña dimensión de la rueda. Si la rueda está descompensada, te irá frenando continuamente, generando sacudidas, y tampoco podrás correr demasiado. La única forma de avanzar a un ritmo importante, sin mucho esfuerzo, es disponer de una rueda grande y equilibrada. Fíjate en los siguientes ejemplos de posibles ruedas e imagina lo diferente que sería circular con cada una de ellas.

APUNTA ALTO

EJEMPLOS DE RUEDAS DE DESARROLLO PERSONAL

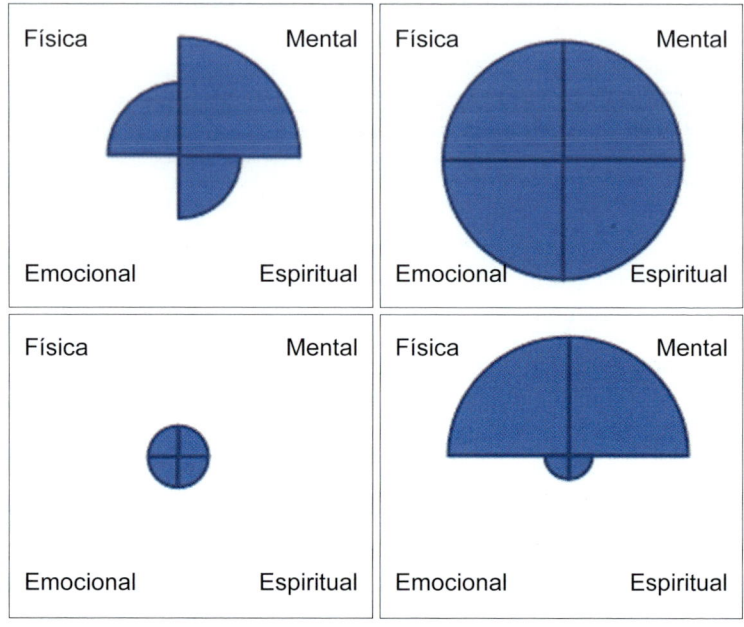

3. Ahora define uno o dos objetivos que deseas alcanzar en los próximos seis meses, en cada una de las cuatro áreas de desarrollo, y anótalos en el Anexo 5, «Proyecto de desarrollo».

Identifica actividades que te permitirían alcanzar los objetivos definidos en cada área, anótalos en el Anexo 5 y planifícalos en tu agenda de la semana próxima. Recuerda que se trata de tareas importantes, y no urgentes, y es recomendable que sean planificadas.

Anexo 5
Proyecto de desarrollo

SITUACIÓN DE PARTIDA **Fecha:**

Tu rueda de desarrollo actual

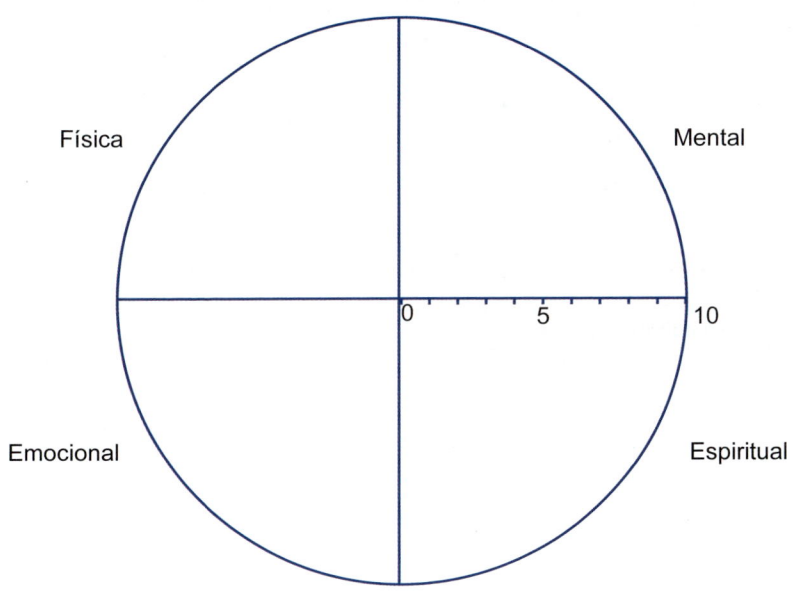

APUNTA ALTO

Objetivos para los próximos seis meses

Dimensión FÍSICA:

Dimensión ESPIRITUAL:

Dimensión MENTAL:

Dimensión EMOCIONAL:

ANEXO 5: PROYECTO DE DESARROLLO

Actividades que te permitirán alcanzar los objetivos
Dimensión FÍSICA:
Dimensión ESPIRITUAL:
Dimensión MENTAL:
Dimensión EMOCIONAL:

Bibliografía

Otros procesos de desarrollo personal
Ricardo Eiriz, *Un curso de felicidad*, Editorial Sirio, 2013.
_____ *El alma de la salud*, Editorial Sirio, 2014.

Los 7 hábitos y su desarrollo
Stephen R.Covey, *Los 7 hábitos de la gente altamente efectiva*, Paidós, 1989.
Stephen R.Covey, *El 8º hábito*, Paidós, 2005.
Roger Fisher, William Ury y Bruce Patton, *Obtenga el sí*, Ediciones Gestión 2000.
Félix Torán, *El tiempo en tus manos*, Luciérnaga Nova, 2012.
Richard Boyatzis y Annie McKee, *Líder emocional*, Deusto, 2008.
Richard Boyatzis y Annie McKee, *Liderazgo emocional*, Deusto, 2006.
Hiromi Shinya, *la enzima prodigiosa*, Aguilar, 2013.

APUNTA ALTO

Psicología energética

Bruce Lipton, *La biología de la creencia*, Palmyra, 2007.

Ricardo Eiriz, *Escoge tu camino a la felicidad y el éxito*, Círculo Rojo, 2012.

_____ *Método INTEGRA*, Editorial Sirio, 2016.

Bradley Nelson, *El código de la emoción*, Wellness Unmasked.

Donna Eden y David Feinstein, *Medicina energética*, Obelisco, 2011.

Índice

Contenido

Introducción	9
¡Preparados!	19
¡Listos!	37
Test Muscular	39
Test del balanceo	41
Test Eslabón de la cadena	44
Test Romper el aro	45
Otras modalidades de autotest	46
Tu punto de partida	52
Tus valores	53
Los 7 hábitos en tu vida actual	55
Herramientas de Transformación	57
Liberación de Bloqueos Emocionales	59
Reset Emocional de Método INTEGRA	62
Transformación de Creencias	67
Proceso de grabación rápida de creencias	69
Otras técnicas	72
Paso cruzado	72
Visualización del objetivo cumplido	74

Formación a terceros 75
Procedimiento para el Desarrollo Personal.................... 77
¡Ya!.. 81
    Hábito 1. Sé proactivo... 83
    Hábito 2. Empieza con el fin en mente 90
    Hábito 3. Pon primero lo primero................................... 96
    Hábito 4. Piensa en Ganar-Ganar 103
    Hábito 5. Busca primero entender y luego ser entendido. 109
    Hábito 6. Sinergiza... 113
    Hábito 7. Mejora continuamente..................................... 118
¡Enhorabuena!.. 125
Anexo 1 - Creencias 135
Anexo 2 - Autoconocimiento 139
Anexo 3 - Proceso de desarrollo personal 145
Anexo 4 - Ejercicios de puesta en práctica 149
Anexo 5 - Proyecto de desarrollo...................................... 159

Bibliografía 163